Rethinking
Reconstructing
Reproducing

*
—————

"精神译丛"
在汉语的国土
展望世界
致力于
当代精神生活的
反思、重建与再生产

—————
*

Donner la mort

Jacques Derrida

———————

[法]雅克·德里达 著　王钦 译

精神译丛·徐晔 陈越 主编

———————

赠予死亡

西北大学出版社

雅克·德里达

目 录

赠予死亡 / 1

　一、欧洲责任的秘密 / 3

　二、超越:为了取走而给予,学习/教授给予—死亡 / 47

　三、给予谁(能够不去知道) / 69

　四、任何他者都是全然他异的 / 106

秘密的文学:不可能的父子关系 / 149

　一、秘密的考验:对于一者,也对于他者 / 153

　二、父亲、儿子和文学 / 164

　三、多于一 / 181

　人名索引 / 199

　译后记 / 201

赠予死亡

Donner la mort

一、欧洲责任的秘密

帕托裘卡(Jan Patočka)①在收入《关于历史哲学的异教论》（*Essais hérétique sur la philosophie de l'histoire*)②的一篇文章中，将秘密

---

①Jan Patočka(1907—1977)，捷克现象学家，1928 年至 1929 年在巴黎索邦大学留学时接触了胡塞尔现象学。1932 年于布拉格加勒鲁大学(Universita Karlova)取得哲学博士学位，后赴柏林和弗莱堡留学，师从胡塞尔和海德格尔。《关于历史哲学的异教论》是帕托裘卡继承胡塞尔《欧洲科学的危机与超验论现象学》而撰写的历史哲学和政治哲学著作。帕托裘卡批判性地发展了胡塞尔现象学，提出所谓"自然世界现象学""非主观性的现象学"等理论；另外，出于对捷克政局的关注，帕托裘卡也写有一系列政治评论和政治哲学论文，他也是"七七宪章"的发起人之一。虽然如今在汉语学界帕托裘卡不太为人所知，但据说在德里达写作此文的 1990 年前后，法国研究现象学的学者们相当重视帕托裘卡的论著。德里达在此细读《关于历史哲学的异教论》，部分也是对于当时学术语境的介入和回应。——译注

②«La civilisation technique est-elle une civilisation de déclin, et pourquoi?» (p. 105 à 127), dans *Essais hérétique sur la philosophie de l'histoire* (Prague, 1975), traduit du tchèque par Erika Abrams, Paris, Verdier, 1981. [德里达在文中没有标明引文的页码，这里遵从英译本的做法，将帕托裘卡这一文本的英译本页码随文标出，以方便读者查找。英译本参见 Jan Patočka, *Heretical Essays in the Philosophy of History*, trans. Erazim Kohák, ed. James Dodd, Chicago: Open Court, 1996.——译注]

(secret)与责任相联系;更确切地说,他将神圣性的秘仪(mystère)①与责任相联系。他把两者对立起来,强调两者的异质性。有点类似列维纳斯(Emmanuel Lévinas),他对神圣性的经验或融合的狂热提出警告;他尤其警戒一种神灵般的狂喜(un rapt démonique),这种狂喜的结果(且往往是其首要意图)是消除责任,丧失对于责任的感觉或意识②。与此同时,帕托裘卡想要区分宗教和"神灵般的神圣化"。什么是宗教?宗教的前提是一个能够承担责任的、自由的自我。因此,宗教意味着与这样一种秘密断绝关系(因为它绝不是唯一一种秘密)——这种"秘密"与神圣的秘仪相结合,与帕托裘卡所谓"神灵般"的事物相结合。神灵般的事物(它们扰乱动物、人、神的边界,它们与秘仪、秘仪传授、秘教、秘密或神圣性有着亲缘关系),必须要和责任区别开来。因此,[帕托裘卡的]③这一论述,讨论的就是宗教性事物的起源和本质。

---

①在指涉基督教奥义时,本译文将"mystère"译为"神秘";在指涉以古代地中海世界为中心举行的、崇拜特定神灵的祭祀仪式时,将作为总称的"mystère"译为"秘仪"。后者包括俄耳甫斯教秘仪、狄俄尼索斯秘仪等等。在这里的上下文中,该词指的是柏拉图以前的祭祀仪式,所以译为"秘仪"。下文中,在与基督教有显然关联的语境里,该词将被译为"神秘",与基督教的关联不明确的场合则依然译为"秘仪"。需要指出,"mystère"一词本意为"封闭起来之物",因此与德里达本书的重要主题之一"秘密"密切相关。——译注

②"conscience"兼有"意识"和"良心"之意,下文论及"良心"时亦当注意。——译注

③正文中方括号内的文字,皆为译者所加;引文中方括号内的文字,如未加说明,皆为德里达对原文的阐述。——译注

在什么条件下,我们可以在恰切意义上谈论宗教(假设存在"恰切意义"的话)?在什么条件下,我们可以谈论宗教的历史,首先是基督教的历史?帕托裘卡仅仅举例提到他自己的宗教[基督教]。但指出这一点并不是要责难他省略或无视了本该进行的比较分析。相反,有必要强调的正是这种思考方式的自洽性:它将基督教的神秘这一事件理解为绝对的独特性,将基督教视为卓绝的宗教,视为对"主体""责任"和"欧洲"的共同历史而言不可化约的条件。即便有时"宗教的历史"的表述以复数形式出现,并且,即便该复数形式往往指的仅是犹太—基督—伊斯兰教和所谓圣典宗教[,上述论断也成立]。①

根据帕托裘卡的论述,只有在神灵般的秘仪和狂喜般的神圣性被**克服**(dépassé)②之后,才能开始谈论宗教。我们让该词保留其根本的含混②。在该词的恰切意义上,只有在神圣性的秘密、狂喜般或神灵般的秘仪,不说是被摧毁,至少被支配或统合,并最终从属于责任领域的时刻,宗教才存在。责任主体,就是能使狂喜般或神灵般的秘仪臣服于自己的主体。但与此同时,责任主体这样做,恰恰是为了能自由地让自己从属于绝对无限的他者。这个绝对无限的他者,看着主体而不被主体看到。宗教就是责任,否则它什么都不是。只有在向责任**转移**的过程中,宗教的历史才获得意义。这种转移过程所经历或忍受的考验,会将伦理意识从神灵

---

①关于这一系列问题,我曾经从另一个角度切入分析。参见"信仰与知识:单纯理性限度内的'宗教'的两个来源",收于 *La Religion*, Le Seuil, 1996.

②形容词"dépassé"有"被超过""过时的""应付不了局面的"等含义。——译注

般的事物、秘仪传授（mystagogie）、狂热、入信仪礼（initiatique）、秘教那里解放出来。从"宗教"一词的本真意义上说，当责任体验将自身从所谓"神灵般的秘仪"的秘密中剥离开来的时刻，宗教就诞生了。

"神灵"（daimon）概念跨越了区分动物、人、神的种种边界，无怪乎帕托裘卡从中看到了性欲的本质维度。在什么意义上，欲望的神灵般的秘仪，将我们带入责任的历史中，或更确切地说，带入**作为**责任的历史之中？

"需要将神灵般的事物和责任联系起来；两者起初并不相关。"（第100页）换言之，神灵般的事物原本的界定是"无责任"，也可以说是"非—责任"。它属于一个尚未听到"回应/负责"①命令的空间，在这个空间里，人们尚未听到这一呼喊——要求他们为自己负责（répondre de soi），为自己的行为或思想负责，对他者、在他者面前负责。帕托裘卡设想的责任起源，不仅是对宗教或宗教性的历史描绘。责任的起源将与一种主体（它言说"自我"）的谱系相重叠；这一谱系[涉及的是]主体与自身作为自由单位（instance）、独特性单位和责任单位的关系，是主体与"面对他者的自我"的关系：具有无限他异性的他者、看而不被看的他者。但同时，他者的无限善意（bonté）是"**给予**"，通过一种相当于"**给予死**

---

①"répondre"一词意为"应答，回应"，"répondre de"则表示"负责、保证"，根据上下文也可以表示"对某事做出回应"。德里达使用"responsabilité"一词时，包含了"回应的可能性"和"责任"两层含义，下文凡论及"责任"处皆当注意。——译注

亡"(donner la mort)的经验而"**给予**"。给予死亡:让我们暂且保留这一表达的全部含混。

当然,如果这一谱系也是性的历史,那么它也会追随基督教精髓①的踪迹,也就是追随欧洲历史。因为在帕托裘卡的文章中心,论述要旨被确定如下:如何阐释"现代意义上欧洲的**诞生**"?(第109页)如何思考十字军以前和以后的"欧洲的扩张"? (第110页)更根本的是,作为欧洲文明的"现代文明",究竟为何所苦?它并非苦于某种特殊的错误或盲目。简言之,为什么它苦于对自身历史的无知,苦于未能承担自身的责任,也就是说,未能承担欧洲历史**作为**责任历史的记忆?

这种认识不足(méconnaissance),暴露的不是学者或哲学家的偶然缺陷。事实上,这不是无知之罪或知识匮乏。欧洲人不知道自身历史之为责任历史,不是因为他们**知识匮乏**(faute de savoir)。相反,欧洲历史学家对历史性缺乏了解(首先是对历史性和责任的联系缺乏了解),是因为他们的历史知识遮蔽、排斥、填塞了这些问题、根基或深渊,因为他们天真地想要总体化或适应现实,抑或是因为他们迷失在诸多细节中(其实是同一件事)。在这一历史的核心处有一种深渊(il y a de l'abîme),抵抗总体化的概括。通过区分基督教的神秘与狂喜般的秘仪,这个深渊也宣告了责任的起源。

这是[帕托裘卡]整篇文章迈向的结论:

---

①这里暗示夏多布里昂(François René Chateaubriand)1802年的著作《基督教精髓》(*Le Génie du christianisme*)。在第四节末尾,德里达分析了尼采对于"*génie*"一词的借用。——译注

现代文明不仅苦于自身的错误和近视,而且苦于未能解决历史的整体问题。但历史问题或许无法解决;它必须作为一个问题保存下来。如今,危险是我们由于知晓太多细节而丧失了发现问题及其根基的能力。或许关于文明堕落的整个问题的提问方式就错了。没有"文明本身"这个东西。问题毋宁说是历史性的人类是否仍然愿意承认历史(*přiznávat se k dějinám*)。(第 118 页)

最后一句话表明,历史性仍然是个秘密。历史性的人类不想承认(avouer)历史性,并且他们对那个深渊,那个瓦解他们自身历史性的深渊,首先就不想承认。为什么要承认历史? 为什么这种坦白如此困难?

对于这种不愿承认,或许可以给出两个理由。

一方面,责任的历史和宗教的历史紧密相关。而承认责任的**历史**,总是带有危险。因为基于对责任、自由或决断等关键概念的分析,人们通常会认为,承担责任、自由、有能力决断,这些都不是从[外部]获得的可能性,不能有条件限制或附带条件。即使可能存在自由的历史或责任的历史,人们也会认为,这种历史性必定始终是**外在的**。它不能触及经验的本质,[因为]经验的本质恰恰在于挣脱自身的历史条件。如果责任受到历史推动,被历史规定,因历史而变得可能,那责任会变成什么样子? 尽管一些人或许认为,只有根据本质上是历史性的方式,责任才得以行使,[可是,]决断和责任的古典概念,却从负责任的**决断**的核心、中心或确切时刻那里,排除了所有历史联系(不管这种联系是不是系谱学的,不管其因果关系是机械的还是辩证的;源于其他种类的动机性规划也一样,例如与精神分析历史相关的那些规划)。所以,**承认**这种历史性很困难,更不用说从根本上将这种历史性与宗教的历史联系起来了——[因为]整体而言,责任伦理通常主张将自己(作为伦理)与宗教启示区别开来。

另一方面,帕托裘卡说这一历史性必须得到**承认**——由此恰恰表明实现这一点非常困难——这是因为历史性必须作为一个问题而**保持敞开**,永远不会得到解决:"历史问题……必须作为一个问题保留下来"(第118页)。该问题被解决的时刻,就是历史被总体化的封闭所终结的时刻:这将变成非历史性本身的裁决。历史既不能是一个可决定的对象,也不能是一个可掌控的总体性,正是因为历史与**责任**紧密相关,与**信仰**和**赠予**紧密相关。历史与**责任**紧密相关,[体现]在绝对的决断经验之中:绝对的决断,打断了与知识或既有规范的连续性,因此是在"不可决定性"的考验(épreuve)中做出的决断;历史与宗教**信仰**紧密相关,体现为某种形式的契约(engagement)或与他者的关系,后者在绝对的危险中超越了知识和确定性;历史也与**赠予**、与死亡的赠予紧密相关,它将我置于与他者的超验性(与作为自我遗忘的善意的上帝)的关系之中。死亡的赠予,在新的死亡经验中,给予我它要给予我的东西。责任和信仰协同并进,无论这看起来多么吊诡;而在协同并进中,责任和死亡都将超越掌控和知识的范畴。给予的死亡,就是责任和信仰的这一契约。正是基于这种过剩的敞开(ouverture),历史才能存在。

在此,悖论产生于**两种异质性的秘密**之间:一方面是历史性的秘密——历史性的人类难于承认却必须承认历史性,因为它与人的责任休戚相关;另一方面是狂喜般的秘仪的秘密,责任的历史必须与之划清界限。

上述经验的厚度或深渊,进一步被另一种增补的复杂性所"多元决定"。当帕托裘卡说历史性必须得到承认时,为什么要谈及秘密?人类必须成为承担责任者,也就是,必须成为历史性的人,这一点似乎和**另一个秘密**、和固有意义上的基督教事件密切相关——或更确切地说,和一种神秘/秘仪、一种"令人战栗的秘仪"(mysterium tremendum)①密切相关:在牺牲的赠予经验中,基督徒的恐怖、恐惧和不安。在人成为一个人格(personne)的时刻,他被这种战栗捕获,而只有在他的独特性中,在上帝的注视下动弹不得(transie)时,人格才能成其所是。于是,人格看到自己已经被他者的目光注视,而这个他者是"至高的、绝对的、不可接近的存

---

① "tremendum"意为"战栗",故在此将"mysterium tremendum"译为"令人战栗的神秘/秘仪"。该词因德国宗教学家奥托(Rudolf Otto)在其1917年的著作《神圣性》(Das Heilige)中的使用而为人所知。奥托在该书中指出了"神圣性"中包含的非理性的过剩存在(他称之为 Numinose)。"令人战栗的秘仪"就是 Numinose 式感情的对象。例如,奥托写道:"这种感觉有时像徐缓的潮水拂过,将心智弥漫在最深沉而平和的憧憬情绪里。它可能变成心灵的一种更安定而持久的态度,令人战栗地活跃而回荡,一直持续到它退去,心灵重新恢复它'世俗的'、非宗教的日常经验的情绪。[……]它可能变成造物在一种存在面前寂静的、战栗的、无言的谦逊——这种存在是谁或什么?那是一种无法言表、超越于所有造物之上的神秘(Mystery)。"参见 Rudolf Otto, *The Idea of the Holy*, trans. John W. Harvey, New York: Oxford University Press, 1958, pp. 12-13. 德里达在第三节探讨基尔克果的《恐惧与战栗》时详细分析了这一表述。——译注

在者,它从内部而非外部掌控我们"(第106页)。

这种从外部到内部、从可接近到不可接近的过渡,确保了柏拉图主义向基督教的推移。在柏拉图主义的责任和伦理—政治性的自我那里发生了一种转化,它将基督教人格的责任解放出来,尽管这种自我仍然有待深究。因为不管怎么说,这篇文章是帕托裘卡《异教论》论文集中的一篇:帕托裘卡没有忘记顺便指出,基督教标志着"自我"的到来,但基督教也许尚未对这个自我的本质做出彻底思考。基督教尚未给这一"自我"赋予应有的重要价值:"什么是'人格',这个问题没有从基督教的角度得到充分探讨。"(第107页)

"令人战栗的秘仪"的秘密,承继自异质于它的秘密,同时也与这个秘密断绝关系。这一断绝的形式,要么是通过**内在化**而实现从属化(一个秘密让另一个秘密从属于自己,或让它缄默),要么是采取**压抑**的形式。"令人战栗的秘仪"在双重意义上"s'emporte"("夺取自身/被夺取"):它**对抗**另一种秘仪,却又以过去的秘仪为**基础**(sur le fond)而出现。归根结底(au fond),被它压抑的事物,始终作为它的基础(son fond)留存下来。基督教事件与之相对抗/以之为基础的秘密,既是一种多少保留了幻术(thaumaturgie)传统的柏拉图主义或新柏拉图主义,也是柏拉图试图从中将哲学解放出来的秘密,即那种狂喜般的秘仪的秘密。结果,责任的历史带有许多层次。"负责任的自我"的历史,通过一系列断绝和压抑(这些断绝和压抑通过打断传统而确证了传统),[将自身]建立在秘密的遗产或**世袭财产**(patrimoine)的基础上。柏拉图断绝了与狂喜般的秘仪的关系,第一次建立了典型的责任经验,但在柏拉图主义和新柏拉图主义那里,仍然残留着神灵般的秘仪和幻术的因素，以及与之对应的责任的政治维度。在这之后就出现了基督教责任的"令人战栗的秘仪"：在作为秘密历史的"责任"的诞生过程中，这是第二次震荡。但同时，我们下面会看到，这也是在作为"赠予"形象的"死亡"形象（事实上是"给予的死亡"的形象）中的震荡。

这一历史永远不会封闭。任何堪有"历史"之名的历史都永远不会被填满或缝合。人们（尤其是基督徒）难以进行探讨（更难以承认）的这一关于秘密的历史，呈现出多次颠倒（或更确切地说：回转[conversion]）。帕托裘卡经常用"回转"一词，该词往往指的是柏拉图那里的上升运动 *anabasis*：根据柏拉图，*anabasis* 指一个人从洞穴出来，将目光投向"善"和理智的太阳的过程①（这个"善"还不是[基督教意义上的]"善意"，因此和赠予的理念尚无关系）。"回转"一词通常和"倒转"（*obrácení*，第 104 页）、"反转"（*obrat*，第 106 页）等词相交替。秘密的历史，责任和赠予结合的历史，具有转向、展开、旋回、倒转、急转、回转的螺旋形式。我们可以将它比作革命的历史，甚至是作为革命的历史。

---

① 参照柏拉图《理想国》519d："'作为城邦的创建人，'我说，'我们的最大任务就是逼迫那些具有最优秀本性的人走向我们在前面所说的那种学习，看到那美好的东西，登上那一高地，当他们上了那处，得到了充分的观察，我们不可让他们做我们目前让他们做的事。''什么样的事？'他说。'停留在那个地方，'我说，'不愿意走下来，重新回到那些被锁绑住的人中，和那些人一起分享劳动和荣誉，不管它们的种类低级或高级。'"（王扬译，北京：华夏出版社，2012，第 256 页。）——译注

帕托裘卡视芬克(Eugen Fink)①为权威,将柏拉图的洞穴论空间描述为狂喜般的秘仪的地下根基。洞穴成了大地母亲,人们最终必须将自己从中抽离出来,才能(如帕托裘卡所说)"让**狂喜完全从属于责任**(*podřídit orgiasmus zodpovědnosti*)"(第 104 页)。但是,柏拉图主义的"上升"并没有提供从狂喜般的秘仪向非秘仪的过渡。它不过是让一种秘仪从属于另一种秘仪,从一个秘密转向另一个秘密。柏拉图主义的回转对"善"投去永恒的凝视,这被帕托裘卡称为"灵魂的新秘仪"。这次秘仪变得更加内在,具有"灵魂的内在对话"(第 105 页)的形式。在灵魂与"善"的关系意义上,这是责任的初次觉醒,但这一"意识/良知的诞生"仍未脱离其秘仪性的要素;它仍然是个秘仪,只是这次是以不承认、不宣告、否认的形式出现。

我们已经可以认出一条法则,而上述内容是它第一个例子。在责任将秘密进行储蓄/资本化(capitalise)的历史中,与承续柏拉图式"上升"的其他回转一样,这第一次回转始终保留着它所要中断的东西。这一保守式断绝的逻辑,类似"**牺牲的经济**"(*l'économie d'un sacrifice*)②:它将它放弃的东西保存下来。有时它让人想到一

---

①Eugen Fink(1905—1975),德国哲学家,师承胡塞尔,其著作阐明了现象学的革命性。后受到海德格尔影响,试图将海德格尔的思想和胡塞尔的思想统一起来,影响了其后梅洛—庞蒂等人所代表的法国现象学。帕托裘卡于 1932 年至 1933 年在德国留学,因而与芬克交情甚笃。——译注

②"economie"词源来自 oikos(家庭)和 nomos(法),下文第四节还会提到。德里达在其他著作中也频繁使用这个概念:例如,他在《给予时间》中强调,oikos 意谓"家庭、所有地、家族、住处、内部的火(炉)"等,nomos 意谓"分配法则""分割和分享(partage)的法则""作为分割和分享的法"等,包含了交

种通过"扬弃"(Aufhebung)而复原(relève)的经济,有时则让人想到"压抑"的逻辑——"压抑"仍然保留着被否定、超越、埋葬的事物。"压抑"和"扬弃"看似矛盾,实则不然。"压抑"并不摧毁,它是在系统内部从一个地方转移到另一个地方。这也是一种拓扑学操作。帕托裘卡经常运用精神分析词汇。在他分析双重回转时(从狂喜般的秘仪转向柏拉图主义或新柏拉图主义秘仪;从后者转向基督教"令人战栗的秘仪"),早先的秘仪确实"从属于"(podřazeno)后来的秘仪,但它从未被消除。为了更好地描述这一等级制的从属关系,帕托裘卡谈到了"内在化"①和"压抑":在柏拉图主义那里,柏拉图主义在自身内部保留了被它驯服、征服和规训的狂喜般的秘仪,这就是"内在化"(přivtělení);而在基督教那里,基督教抑制并保留了柏拉图主义的秘仪,这就是"压抑"(potlačeni)。

结果,回转仿佛就是其哀悼的过程,也就是说,[哀悼者]在忍受[逝者]死亡的同时,在自身内部保存它。②而在开始新的秘

换、循环、回归等意。因此,economie 是向 oikos(家)的回返运动,如尤利西斯在多年漂泊后最终回到家里。根据德里达,这一回返运动、或为了回返而出离的运动,也正是黑格尔辩证法的"扬弃"运动:理念为了自我展开,必须拥抱它的对立面。参照 Donner le tempts 1, La fausse monnaie, Galilée, 1991, pp. 17 - 18.——译注

① "内在化"(incorporation)是 Karl Abraham 和 Melanie Klein 详细讨论过的一个精神分析用语,指的是让外部对象作为幻象侵入自身内部、并将它们保存在自身之中的行为。在德里达为之作序的 Nicolas Abraham et Maria Trok, Cryptonynnie, Le verbier de l'homme aux loup (Flammarion, 1976)一书中,这个概念得到了重新讨论。——译注

② 参照弗洛伊德的《哀悼与忧郁》(1917)一文。——译注

密经验、新的责任结构（责任作为对于秘仪的分割/分享[partage]①）时，人们在内部保留着那埋藏的记忆、那更古老的秘密的和暗号（crypte）②。

在多大程度上，我们可以在严格意义上运用"**内在化**"（incorporation）和"**压抑**"（refoulement）这两个出现在帕托裘卡著作法语译本里的词呢？帕托裘卡本人希望为这两个词赋予它们在精神分析话语中（特别是在哀悼理论中）具有的复杂性吗？即便不是这样，至少从实验角度说，我们有理由尝试一种精神分析式的解读，或一种解释学式的解读，把与"内在化"和"压抑"等词汇对应的精神分析概念考虑进来；更何况我们的问题意识与"秘密"的主题密切相关。这一主题不可能不涉及"**内在化**"（尤其是在哀悼的作业中、在与死亡形象的关系中——人们必然会把它们和绝对秘密相结合）和"**压抑**"（在秘密的所有效果中，"压抑"过程具有

---

① "partage"除了"分享"之外，还有"分配""分割"等意。南希（Jean-Luc Nancy）通过这一概念而对共同体概念做出重新讨论。参见 Jean-Luc Nancy, *La communauté désoeuvrée*, Christian Bourgois Éoditeur, 2004. ——译注

② "crypte"指的是为遗骨安放和礼拜而造的教会地下祭室，其希腊语词源有"隐藏""秘密""暗号"等含义。在 Abraham 和 Klein 那里，crypte 作为"内在化"的空间，是从自我内部切分出去的一块飞地。德里达在为两位作者的著作所作的序言中指出，第一，crypte 是作为"内面"，是"被内部的内部所排除的外部"，具有"非场所"的形式；第二，对于尤其是身边对象丧失时进行的"哀悼作业"而言，crypte 使之无法顺利进行，它是"不可能的哀悼"的场所；因此，crypte 也是"生的死者"得以保持的场所；第三，crypte 是"为绝不会显现之事而作的痕迹"，既是一个事物也是一个语词。在本书的讨论中，crypte 和"秘密""秘仪""死亡""哀悼"等主题密切相关。——译注

特权)。帕托裘卡在两种情形下分析的对于责任的历史性回转,很好地描述了这一运动:第二种秘仪的事件,未能废弃第一种秘仪。相反,第二种秘仪通过局部的移置,通过等级制的从属关系,无意识地将第一次秘仪保留在内部;一个秘密同时包含和臣服于另一个秘密。由此,柏拉图主义的秘仪**内在化**了狂喜般的秘仪,而基督教的秘仪**压抑**了柏拉图主义的秘仪。简言之,这就是需要"承认"或坦白的历史!为避免把帕托裘卡笔下的"秘仪"说成"秘密",我们或许倾向于认为,应该被作为"历史性"本身而加以承认和分析的"秘密",在这里[指的]就是上述两种回转及三种秘仪(狂喜般的、柏拉图主义的、基督教的秘仪)之间的秘密关系。应该被承认的历史,就是内在化和压抑的秘密,就是从一种回转到另一种回转之间发生的事情:[它涉及]回转的时间,涉及回转中的关键问题:给予的死亡。

因为这是相当重要的一个主题:作为责任历史的秘密历史,与死亡文化密切相关,也就是说,与各种关于"给予的死亡"的形象相关。① 法语中 donner la mort(给予死亡)是什么意思?一个人如何给予**自己**死亡(*se* donner la mort)? 如何给予自己死亡,如果这意味着"为自己的死亡承担责任而死去",意味着"自杀",同时也意味着"为了他者而牺牲自我""**为他者而死**",因而或许也

---

①涉及"秘密"的文学几乎总是围绕关于"死亡"形象的场景或情节而展开,我在别处将对此进行考察,特别要提到一些"美国的"例子(如[爱伦·坡]《失窃的信》、[赫尔曼·梅尔维尔]《抄字员巴托比》、[亨利·詹姆斯]《地毯上的图案》《阿斯彭文稿》,等等);在我最近一次关于秘密和责任等相关问题的研讨班上,这些是讨论的核心文本。

意味着"通过给予自己死亡、通过接受给予的死亡而给出自己的生命",如苏格拉底、基督及其他人以不同方式所做的那样,或许也如帕托裘卡以自己的方式所做的那样?如何给予自己死亡,如果它在另一种意义上也意味着阐释死亡,意味着给予自己一种死亡的表征,为死亡给出一个形象、意指或目的(destination)?在简单的、更一般的意义上,如果这关系到——[但]根据何种操心、出于何种恐惧[而形成这一关系]?——如果这关系到死亡的可能性,哪怕是(用海德格尔[Martin Heidegger]的话说)一种不可能的可能性,那么如何给予自己死亡?① "给予自己死亡"和牺牲是什么关系?给予自己死亡和为他者而死是什么关系?牺牲、自杀和这一赠予的"经济"之间是什么关系?

柏拉图主义的责任,其赖以超越狂喜般秘仪的手段是"内在化"。通过这一过程,个体灵魂的不朽得以确立——而这同样也是给予苏格拉底的死亡,他所得到并接受的死亡;换句话说,是他在某种意义上给予自己的死亡。在《斐多》中,苏格拉底用一大段论述来为自己的死亡赋予意义,似乎是要自己承担对于死亡的责任。

关于洞穴寓言,帕托裘卡参照芬克的论述写道:

> 柏拉图的陈述——尤其是其戏剧性部分——是对传统秘仪及其狂喜般的仪式的反转(*obrácení*)。这些仪式本身,如果不是倾向于融合"责任"和"狂喜"维度的话,至少也倾向于[呈现]两者的对峙。洞穴是种种秘仪

---

① 参照海德格尔《存在与时间》第53节。——译注

在地下集合的残余之地;它是大地母亲的子宫。柏拉图的新颖观念,是想要离开大地母亲的子宫,追随纯粹的"光之道路",也就是说,想要让"狂喜"完全**从属于**(*podřídit*)"责任"。因此,在柏拉图那里,灵魂的道路直接通往永恒,通往一切永恒之源泉,即"善"的太阳。(第104页;强调为引者所加)

因此,这种从属的形式便是"内在化",无论我们在精神分析的意义上理解"内在化",还是在更宽泛的意义上理解它,即认为"内在化"作为一种同化过程,在自身内部收编或保留被它超越、克服或扬弃(relève)的东西。用一个秘仪内化另一个秘仪,也就相当于将一种不朽"**内在化**"于另一种不朽,将一种永恒"**内在化**"于另一种永恒。这种对于不朽的包含,也对应于死亡的双重否定或双重否认之间的和解(transaction)。而作为责任系谱学的一个重要特征,这一和解的标志是"内面化"(intériorisation):个体化或主体化,[或]灵魂在这种内在化过程中沉潜到自身时,它和自身的关系:

> 除此之外还有另一个方面。由于柏拉图主义的"回转",对于"善"本身的注视才成为可能。这一注视和"善"一样,是不变而永恒的。作为**灵魂**的**新秘仪**,追求"善"的旅程具有"**灵魂内在对话**"的形式。因此,与这种对话相结合的"不朽",有别于秘仪的不朽。**历史上第一次出现了个人性的不朽**("个人性"在于其**内在性**),它与自我实现密不可分。柏拉图关于灵魂不朽的学说,

是"狂喜"与"责任"对峙的结果。责任超越了狂喜,将狂喜"**内在化**"为一个**从属性**的环节,正如爱欲(Éros)那样:为了理解自身,爱欲需要理解的是,它的起源不在物质世界中,不在洞穴中,不在黑暗中;爱欲仅仅是升往"善"的一个手段——凭借其绝对的要求和严密的**规训**(discipline)。(第 105 页;强调为引者所加)

这一"规训"概念有几层意思。在此,所有这些意思都同样重要:首先是"训练"或"锻炼",也就是说,为了持续支配狂喜般的秘仪、为了让它在从属状态下像奴隶或仆人一般发挥作用而必须进行的"训练"或"劳作"。换言之,这是让那个服从于另一个秘密的秘密发挥作用——但同时也是让爱欲的神灵般的秘密在这个新的等级中发挥作用。这一"规训"指的也是哲学或问答法(dialectique),因为它可以明确地作为一门学问(同时在隐微和显白的意义上)被教授。第三,"规训"指的还是这种"训练":学习死亡以达到新的不朽,也就是 *meletē thanatou*:**对于**死亡的关照(le soit pris *de* la mort)、**关于**死亡的训练(l'exercice *de* la mort)——苏格拉底在《斐多》(*Phédon*)中谈到的"练习死亡"。

在此,《斐多》命名了哲学:哲学是专注地预期死亡,是对死亡的关切,是沉思如何最好地接受、给予或给予自身死亡①,是对于死亡可能性的**看护**(veille)经验,也是对于死亡作为不可能性的可能性的看护经验。人们可以用"关照(soin)"或"关心(sollicitude)"翻译 *meletē* 或 *epimeleia*,它们为海德格尔在《存在与时间》

---

① "se donner la mort"作为习语意思是"自杀"。——译注

(*Sein und Zeit*)中讨论的 *Sorge*("操心")揭开了帷幕——开始了看护。但是,更确切地说,海德格尔在延续 *cura* 的传统时并没有提到柏拉图,而只提到了拉丁文《圣经》中的 *sollicitudo*,提到了塞涅卡和斯多葛派的 *merimna*(第 42 节,第 199 页①)——尽管如此,**正如**柏拉图那里的 *meletē*,它们的意思也是关照、关心、操心。

帕托裘卡提到了《斐多》中著名的一段话(80e),但既没有分析也没有直接引用。在这段话中,柏拉图描述了一种主体化的内面化,[它是]灵魂的自我聚集运动:身体向其内面逃离,或向自身折叠,为的是回忆起自身、和自身并处,为的是将自身保持在这种"集中"②的姿态下。这一朝向灵魂的回转,让灵魂围绕自身,在自身那里聚拢(*ramasse*)。这个冥想/聚集过程(如前缀 *syn*③ 所示)宣告了意识的诞生,也即一种表象性的自我意识:在那里,秘密得以被保留为一种客观表象。不过这一次,"秘密"是在拉丁文 *secretum*(来自 *secernere*)的意义上而言的:它表示"分离的""区别的"。我们在此追踪的线索之一,就是秘密的历史及其差异性语义的历史,从希腊语的神秘和隐秘,到拉丁语的 *secretum*,再到德语的 *Geheimnis*。

苏格拉底在《克拉底鲁》(*Cratyle*)中(404b)已经讨论过 *aïdēs*-

---

① 中译根据海德格尔:《存在与时间》,陈嘉映、王庆节译,熊伟校,陈嘉映修订,北京:三联书店,1999;下同。——译注

② "remembrement" 指的是小块分散土地的集中和归并。——译注

③ 前缀 *syn* 指的是"同时""共同",德里达在《给予时间》中通过 *syn* 强调:两种在"赠予"和"交换"等权利上互不兼容的过程,以某种方式相互关联。但在这种相互关联的场合下,表示"同时"的 *syn* 恰恰包含了时间的延迟。——译注

haidēs，而在这里他重新提到这个语言游戏，并讲述了 psychē(灵魂)的某种不可见性：不可见的灵魂(aïdēs 意思也是"无法看的人，盲人")踏上死亡的旅程，以一个不可见的地点(同时**也是** Haidēs[死亡之国])为方向——而且 aïdēs 的这种不可见性本身就是秘密的一个形象：

> 假如灵魂干净利索地洒脱了肉体，就不再有任何肉体的牵挂了[换句话说，苏格拉底是在描述不可见的灵魂的分离——"分离"加上"不可见"就是"秘密"的条件；他是在描述(灵魂)自身的秘密化，灵魂借此得以从可见的肉体中退却到自身内部，与自身相结合，从而在灵魂的内在不可见性中和自身共处]，因为灵魂依附着肉体活在人世的时候，从不甘愿和肉体混在一起(ouden koinônousa auto en tô biô ekousa einai)，它老在躲开(pheugousa)肉体，在自我内部聚集(sunethroismene autes eis eauten)[列维纳斯在谈到死亡时经常提及《斐多》，而每次他都会强调灵魂的这一自我聚集过程：在与死亡的关系中，自我与自身达成认同]，这便是灵魂通常所做的(ate meletôsa aei touto)。这就是说，如果灵魂真正是在追随哲学(e orthôs philosophousa)，如果灵魂真学到了如何轻易面对死亡(kai tô onti tethnanai meletôsa radiôs)——这也就是"练习死亡"的意思了吧(e ou tout'an eie melete thanatou)?①

---

① 中译根据柏拉图：《斐多》，杨绛译，北京：三联书店，2011，第 43 页。为切合德里达的论述，译文略有改动。——译注

在哲学史上,这一经典段落经常为人引用或涉及,却少有人对它进行细读。或许有些令人意想不到的是,海德格尔没有引用过它,至少在《存在与时间》里没有提到,甚至包括那些谈论"操心"或"向死而在"的段落。这么说是因为,对于在"实存"中与自身相关联的东西[即"此在"]来说,构成其自我关系的正是一种"操心"(souci)、一种"照看"、一种对于死亡的关心。这一点再怎么强调也不为过:并不是首先存在 psychē,然后出现了对其死亡的操心、关照、看护。不是这样的。灵魂只有在这种 meletē tou thanatou(练习对于死亡的关照)的经验中,才区别自身、分离自身、在自身内部聚集。灵魂不过就是这种对于死亡的关照——作为一种与自身的关系,作为自身的一种聚集。灵魂回归自身(在"聚集"和"唤醒"自身的双重意义上),灵魂开始意识到自身(s'éveiller)(指的是一般意义上对于自身的意识),恰恰是通过这种对于死亡的关照。在这里,帕托裘卡恰当地谈到了 psychē 或责任个体的"自我",谈到其构成中的"秘仪"或"秘密"。灵魂由此通过自我回想而将自己分离,将自己个体化、内面化,将自己变成不可见性本身。灵魂从一开始就是哲学思考,哲学降临到灵魂身上并非偶然,因为灵魂正是这种对于死亡的看护,对于死亡的留意和照看,仿佛是对灵魂之生命本身的照看。作为生命、生命气息和 pneuma 的 psychē,恰恰从这种对于死亡的关照性预期下显现出来。对于这种看护的预期,已经与一种预先的(par provision)哀悼、守夜(veillée)、守灵(wake)相仿。

这一看护标志着一种新秘密的事件,而其规训内部则包含着从属性的、蛰伏着的"狂喜般的秘密"。由于这种"**内在化**"将神灵般的或狂喜般的秘仪包含进来，哲学就仍然是一种幻术（thaumaturgie），甚至在哲学通往"责任"时亦是如此：

> 在新柏拉图主义那里，在克服了所有诱惑的真正的哲人眼中，神灵般的事物（爱欲[Éros]是一位伟大的神灵）成了一个从属性的领域[所以，哲学是对爱欲的征服而非消除]。因此，一个有点意外的结果是：哲人同时也是伟大的幻术师。柏拉图主义的哲人是一个魔法师[联想一下苏格拉底和他的神灵]——一位浮士德。荷兰思想史家奎斯佩尔（Gilles Quispel）[帕托裘卡在此指的是其著作《作为世界宗教的灵知》（Gnosis als Weltreligion [Zurich, 1951]）]在这里看到了浮士德传说和一般意义上的浮士德主义的主要来源之一，这些"无尽的追求"令浮士德陷入危险，最终却也是一种救赎的可能性。（第105页）

这种对于死亡的操心，这种照看着死亡的清醒，这种直面死亡的意识，是"自由"的另一个名称。也正是在这里，在"向死而在"（在固有而本来的[eigentlich]意义上承担"死亡"）的操心与自由（也即责任）的联系中，我们可以看到跟海德格尔描述的"此在"相似的结构（当然两者的关键差异也不能忽视）。帕托裘卡从来都离海德格尔不太远，尤其是他接着上一段话写道：

> 另一个重要时刻是，柏拉图主义哲人对于死亡的克服，靠的不是逃离死亡，而是去直面它。这种哲学是

> *meletē thanatou*(对死亡的关照);对于灵魂的关照与对于死亡的关照不可分离,而后者成为对于生命的本真性(*pravá*)关照;(永恒的)生命诞生于对死亡的直接注视,诞生于对死亡的克服(*přemožení*)(**生命也许就是这种"克服"**)。但是,这一点——连同与"善"的关系、连同对于"善"的认同、连同对于神灵和狂喜的释放——意味着**责任的支配,所以就是自由的支配**。灵魂绝对自由,它选择了自己的命运。(第 105 页;强调为引者所加)

这里所谓"责任的支配,所以就是自由的支配",指的也许是**对于死亡的胜利,换言之就是生命的胜利**[雪莱或许会称之为"*The Triumph of Life*"(生命的胜利)①,将"死亡的胜利"的所有传统形象颠倒过来]——但这话究竟是指什么? 帕托裘卡甚至在括号中指出,所谓"永恒的生命""责任""自由",所有这些**或许恰恰就是这个胜利**。但一次胜利保留了斗争的种种痕迹。仿佛是得胜于一场介乎两个根本无法分离的敌对者之间的战争;胜利在第二天为纪念(也是守灵)和保存战争记忆的欢宴中得到宣告。帕托裘卡在《异教论》中时常提及这一战争(*polemos*),并赋予它重要意义。其中就包括《20 世纪的战争与 20 世纪之为战争》(«Les guerres du XXᵉ siècle et le XXᵉ siècle en tant que guerre»,第 119 – 137 页)一文。利科(Paul Ricoeur)在为该书法文版所作的序言中

---

① "The Triumph of Life" 是英国浪漫派诗人雪莱(Percy Bysshe Shelly,1792—1822)晚年撰写的未完长诗的题目。该诗以但丁《神曲》的"炼狱"为原型,幻想和卢梭一起注视人世的情景。——译注

认为,该文"很奇特,许多方面都令人震惊"(第 viii 页)。这篇文章提出一种吊诡的"暗夜现象学"①,也是关于白天与黑夜之间秘密契约的现象学。在帕托裘卡的政治思想中,这种对立面的结合扮演了核心角色;虽然他只引用了云格尔(Ernst Jünger)(1932 年的《劳动者》[Le travailleur]以及 1922 年的《作为内在体验的战斗》)和德日进(Teilhard de Chardin)(1965 年的《战时著作》[Der Kampf als inneres Erlebnis]),他的论述时常接近海德格尔那非常复杂而暧昧的、关于赫拉克利特笔下"战争"的讨论。两者的距离之近,胜过利科在其序言中提到的程度,尽管两者的一个核心差别没法在这里展开。②

战争是对于被给予的死亡(la mort donnée)的又一种经验(我给予我的敌人死亡,也通过"为祖国而死"的牺牲而给予自己死亡)。帕托裘卡如此解释赫拉克利特的"战争":它不是"'生命'的扩张",而是暗夜的优势,是"*aristeia*(优越性、卓越性)之中的自由冒险意志,即保持在最优秀者所选择的、人类可能性之极限的卓越。与其延长片刻欢愉,他们宁可选择那留存于必朽者记忆中的永恒荣誉"(第136页)。这一"战争"将敌对者统一起来,将对立面聚集到一起(海德格尔也经常强调这一点)。作为第一次世

---

①帕托裘卡所谓"白天"的视角,指的是将战争视作实现和平的必要之恶、历史的契机、储蓄多时的力量的喷发场所;与之相对,"暗夜"的视角,或者说历史中的"暗夜"经验,指的是德里达这里引用的"前线体验",既是敌我不分的体验,也是对于"绝对自由"的体验。——译注

②对该问题的讨论,参见我的《海德格尔之耳》一文,收于 *Politiques de l'amitié*, Galilée, 1994。

界大战的战场,**前线**为这一"战争"赋予了历史形象:敌人被集合到一起,仿佛在面对面的极端接近中,敌对双方结合了起来。这种对前线的独特而令人困惑的拔高,或许预示着另一种哀悼,即在第二次世界大战期间和之后,这一前线丧失了,这种让人**辨识敌人**、甚或(尤其是)与敌人**相同一**的对峙消失了。帕托裘卡或许会用施米特(Carl Schmitt)的方式说,在第二次世界大战之后,人们失去了敌人的形象,失去了战争,或许从此也失去了政治的可能性本身。① 敌人**的**辨认(identification *de* l'ennemi),在前线经验中总是和**与敌人相同一**(identification *avec*)非常接近,这一点尤其困扰和吸引着帕托裘卡。

  特亚尔[德日进]在前线体验到超乎人类的神圣性时,他所怀有的是同样的感情,看到的是同样的景象。云格尔在一处写道,战斗时战士们成为同一个力量的两个部分,融合进同一个身体:"融合进一个身体——一个奇妙的比喻。凡能理解这一点的人,既肯定了自己,也肯定了敌人;他同时生活于整体和部分之中。因此,他就能想象那些微笑着在指尖拨弄五色丝线的神明。"[……]两个对于前线经验有着最深刻思考的思想家,尽管在其他地方有诸多差异,各自的比喻却都重演了赫拉克利特式的、作为"战争"的存在形象,这难道纯属偶然?还是说,西方人性历史中无法被化约的那一面,且今天

---

①参照卡尔·施米特:《政治的概念》,刘小枫编,刘宗坤等译,上海:上海人民出版社,2004。——译注

正在变成一般而言的人类历史之意义的那一面,被揭示出来了?(第136—137页)

不过,如果这种胜利所纪念的是死亡和对于死亡的胜利,它同样标志着哀痛的生还者的欢喜时刻:如弗洛伊德所说,他们以近乎狂躁的方式享受他们的"生还/过剩的生命"(sur-vie)。① 在这一责任和自由的谱系中,或用帕托裘卡的话说,在责任和自由的"支配"谱系中,在有限的、必朽的存在那里,对于自由的具有责任的"自我"进行高调肯定,确乎可以表现得颇为狂躁。在同一种否认那里,隐藏或自我隐藏着不止一个秘密:被它奴役、支配、内在化了的"狂喜般的秘仪"的秘密,以及在胜利经验中被拒绝或否定了的、关于其自身必朽性的秘密。

这一谱系因此显得非常含混。对于"绝对自由"在哲学或政治哲学意义上的出现,帕托裘卡的解释("灵魂绝对自由,它选择自己的命运[第105页]")似乎简明而完整,但他的这一评价始终令人不安。

因为,尽管帕托裘卡对于从狂喜般或神灵般的沉睡中苏醒的"负责任的自由"间接表达了赞赏,他还是在这一警戒中认出了

---

① "忧郁症最奇特也最有必要阐明的一点是,它倾向于转变为具有相反症状的'狂躁'。……在狂躁症那里,自我克服了对象的丧失(或克服对于丧失的悲哀,甚或克服对象本身),忧郁症的苦恼从自我那里抽取并加以拘束的反向投注的总量,变得可以自由驱使。狂躁症患者像饥饿的人那样,在趋向新的投注对象的同时,向外显示自己已经从苦恼对象那里解放出来了。"参见弗洛伊德:《哀悼与忧郁症》,收入 *The Penguin Freud Reader*, ed. Adam Phillips, London: Penguin Books, 2006, pp. 320—321. ——译注

"新的神话"。尽管已经被内在化,被规训、臣服、奴役,狂喜还是没有被消灭。它仍然在地底下催生着一种关于"负责任的自由"的神话。这种神话同时也是一种政治,今天它在某种程度上依然是西方政治未被触碰的根基——在第二次颠倒或回转(也即基督教)之后:

> 一种新的、光明的灵魂神话由此诞生了。它的基础是"**本真性**(pravé)/责任"与"例外/狂喜"的二元性:狂喜**没有被移除,而是被规训和支配了**(není odstraněno, ale zkázněno a učiněno služebnym)。(第 106 页;强调为引者所加)

在这段话和别的地方,我们都能看出帕托裘卡的论述近似海德格尔,但两者的差异也很关键(不管显豁与否)。"本真性"的主题,操心、向死而在、自由和责任的关联,甚至是自我论式的主体性的发生或历史——所有这些当然都带有海德格尔色彩。但是,当这一谱系开始考察一种对于早期秘仪的内在化过程,并由此打乱时代界限,它的风格就不同于海德格尔了。他谱系学的态度与其说是胡塞尔和海德格尔式的,不如说是尼采式的。当然,这么说并不是非要把帕托裘卡纳入一个特殊的脉络中去。帕托裘卡也引用了尼采的话:基督教是民众的柏拉图主义。[①] 他说这种看法在某种程度上"正确"(第 107 页)。直到某种近乎深渊般的

[①] 参见 Friedrich Nietzsche, *Beyond Good and Evil: Prelude to a Philosophy of the Future*, trans. Judith Norman, Cambridge: Cambridge University Press, 2002, p. xv. ——译注

(abyssalité)可怕的差异(它决非无关紧要,甚至可以说就是"无"本身)[将两者区别开来]。①

如果在负责任的自由的新经验那里,仍然包含着狂喜般的因素,仍然以内在化和奴役的形式持存着神灵般的因素,那么这一经验就永远无法成其所是。它将绝不是纯洁的、本真性的,也不会是全新的。当要"直面"死亡、并由此达到一种与作为 *meletē thanatou* 的 *epimeleia tēs psykhēs*(即通过对于死亡的看护而关照灵魂)相关联的"实存的本真性",柏拉图主义哲人并不比动物更高明。正是在这一可能性中,秘密或秘仪的重叠,扰乱了海德格尔存在论分析框架的各种边界。这里首先有神灵般的秘仪本身(如果可以这么说的话)。然后,秘密的结构使这一秘仪得以藏匿、内在化、隐藏于"自由责任"中,同时却保持活力;而宣称已经超越和战胜了秘仪的"自由责任",事实上只是让秘仪处于从属和被支配的位置。责任的秘密,就在于将神灵般的秘密"内在化",就在于

---

①参照帕托裘卡,前揭,第116-117页:"尼采把基督教称作民众的柏拉图主义。基督教将本体论神学的概念的超越性视作当然之物,就此而言,尼采的说法是正确的。不过,在基督教的灵魂概念里,有着根本的差异。这么说不仅仅是因为像圣保罗那样的基督徒拒斥了古希腊的 *sophia tou kosmou*(形而上学),而且,也不仅仅是因为基督徒拒斥了古希腊的方法,即必然伴随着灵魂之发现的、作为迈向'存在'本身的内在对话:理念的冥想。根本的差异在下面这一点,我们今天终于发现了灵魂的本性,也就是说,灵魂所追求和奋斗的真理不是冥想的真理,而是本然的命运,是世世代代都决定性地和永恒的责任联系在一起的真理。灵魂并不在理念的直观中寻求自身的起源,也不在与永恒存在着的存在者的联系中寻求自身的起源,而正是在神性和人性间的深渊处寻求自身的起源。"——译注

保持这个秘密,并由此在自身内部包藏一种绝对的无责任与无意识——帕托裘卡后来将此称作"狂喜般的无责任"(第112页)。

在这一时刻(moment)的假定下——帕托裘卡视之为柏拉图主义哲人的时刻——我们或许可以重新把握"秘仪"与更严格意义上的"秘密"之间的语义差异。秘密(*secretum*)一词的意思与分离(*se-cernere*)有关,并且在更宽泛的意义上,与意识主体自身内部保持的客观表象有关:主体知晓的内容、知晓如何对此进行表象,虽然他无法或不愿言说、宣告或承认这一表象。秘密(*secretum*)的前提,是形成灵魂的自由——作为责任主体的意识/良知的灵魂。简言之,从神灵般的秘仪中苏醒,超越神灵般的因素,意味着抵达秘密(*secretum*)的可能性、抵达"保守秘密"的可能性。因为这也意味着实现"自我关系"的个体化,实现那个从融合的共同体中分离出来的"自我"。但这只是以一个秘密交换另一个秘密。在作为隐蔽之历史的真理历史中,在作为暗号学(cryptologie)或一般意义上的"秘仪学"(mystologie)的系谱中,"经济"都乐于为了某个秘密而牺牲秘仪。

所以,所有这一切都有赖于一种神话形成意义上的(mythomorphique)或神话制作意义上的(mythopoétique)①"**内在化**"。

---

① 参照柏拉图《理想国》377b-c:"'那么,难道我们能如此轻易地让孩子们自己随便地听随便什么人讲虚假的故事,把许多观念吸收到自己的灵魂中,大部分和我们主张他们长大后应该拥有的那些观念相反?''我们决不会让他们这样。''看来,我们首先必须对讲故事的人进行审查,如果他们讲出优秀的[故事],就接受;如果不好,就拒绝。我们将说服所有奶妈和母亲给孩子们讲这些被我们接受的东西,尽量用这些故事来扶植孩子们的灵魂,而不只是用手扶植孩子们的躯体。'"(王扬译,前揭,第71页)——译注

我对帕托裘卡论述的复述稍显形式化和激进化,希望这没有背离他的意思。我认为,帕托裘卡首先描述了柏拉图主义如何将"神灵般的秘仪"与"狂喜的无责任"内在化。但能否进一步认为,恰恰在帕托裘卡称为基督教的"**颠倒**"的时刻,这一内在化反过来被某种基督教"**压抑**"了?如此一来,我们就要区分两种"经济",或一种经济的两个体系:"**内在化**"和"**压抑**"。

这种隐秘的或秘仪的系谱,其根本的政治维度已非常明显。在柏拉图主义的秘密(包含其内在化了的"神灵般的秘仪")向作为"令人战栗的秘仪"(mysterium tremendum)的基督教秘密转化的过程中,这一[政治维度]是关键。为了对此进行考察,我们首先必须区分三个根本主题,在这一系谱中,它们将秘密与责任结合起来。

第一,正是出于政治原因,我们决不能忘记,被内在化、继而被压抑的秘仪从未被摧毁。这一系谱的准则是:历史从未抹去被它埋葬的事物;历史总是在自身内部保留着被历史加密(encrypte)的事物,保留着其秘密的秘密。这是所守之密的秘密历史。因此,这一系谱也是一种经济。狂喜般的秘仪反复不断地出现,它总是在运作:不仅运作在我们已经看到的柏拉图主义中,而且运作在基督教,甚至在启蒙和世俗化的空间中。帕托裘卡鼓励我们从中汲取关于当下和未来的政治教训,他提醒说,每一次革命,不管是无神论革命还是宗教革命,都见证了神圣性的回归——它以狂热的形式表现出来,或表现为神灵在我们中间的在场。帕托裘卡谈到这种"狂喜的新浪潮"(第113页),它总是迫在眉睫,又总是与责任的衰退(défaillance)相呼应。他举的例子是法国大革命期间盛行的宗教狂热。考虑到神圣性和秘密之间、献祭庆典和秘仪传授庆典之间的亲缘关系，或许可以说，所有革命狂热产生的口号，都仿佛是献祭仪式和秘密的后果。帕托裘卡没有明确表达这一点，但从他对涂尔干（Durkheim）的引用就可见一斑：

> 社会倾向于将自己确立为神，或倾向于创造种种神，这在法国大革命开始的几年里尤为明显。事实上，那一时期在普遍狂热的影响下，本来应是世俗的事物也因舆论而成了神圣的事物：祖国、自由、理性。

引用了这段出自《宗教生活的基本形式》的话之后，帕托裘卡写道：

> 当然，这种狂热（尽管是理性崇拜的狂热）具有狂喜般的性格，与个人责任的那种关联还没有规范或充分规范它。重新向狂喜堕落的危险，迫在眉睫。（第113页）

显然，上述警告只是以一种形式的哀悼对峙另一种形式的哀悼，以忧郁对峙胜利，或以胜利对峙忧郁。以一种形式的抑郁对峙另一种形式的抑郁：这是每一种"经济"都有的悖论或绝境（apories）。我们以柏拉图主义的胜利来逃避神灵般的狂喜，又以基督教之"颠倒"（也即"压抑"）中的牺牲或悔悟来逃避柏拉图主义。

第二，如果将"*epimeleia tes psykhes*"（对于灵魂的关照）的上述阐释引向精神分析的"经济"(关于作为哀悼的秘密或作为秘密的哀悼)不算夸张,那么我认为,正是这种"经济"根本上的基督教性格,使之摆脱了海德格尔的影响。海德格尔的思想不仅持续而艰难地试图与基督教撇清干系(必须始终将这一姿态和异常激烈的反基督教的暴力联系起来——不论这一联系有多复杂——而人们今天往往忘记的是,纳粹主义最明确的官方意识形态,就是这种暴力);同时,海德格尔的思想,尤其是《存在与时间》里几个至关重要的主题,往往在本体论的层面上重复着"去基督教化"了的基督教主题或文本。于是,这些主题和文本就被呈现为存在论的(ontiques)、人类学的,或矫揉造作的(factices)尝试,它们在重新认识自身的原初可能性的本体论道路上戛然而止。(例如,[这里的]问题涉及"堕落状态"[status corruptionis]、本真性和非本真性的差异、坠入[Verfallen]"常人"①——关心、看的快乐、好奇,涉及本真性的或通俗的时间概念、圣经文本、奥古斯丁的文本或基尔克果[Kierkegaard]的文本。)帕托裘卡的姿态与海德格尔相反又对称(到头来或许是一回事)。他将基督教的历史主题再本体论化,赋予启示或"令人战栗的秘仪"以一种本体论内容,即海德格尔试图抹除的本体论内容。

第三,帕托裘卡这么做似乎不是为了将问题重新带回基督教的教条。说得稍微夸张一些,帕托裘卡本人的异教或许和另一种"异教"交织在一起:后者指的是一种扭转和偏离,在那里,海德格尔式的重复以自身的方式影响了基督教。

---

① 参见《存在与时间》第 27 节。——译注

帕托裘卡在两三处对牢牢占据欧洲基督教核心的某种柏拉图主义(以及某种柏拉图主义的政治)进行了批判。简单来说,这是因为基督教在其"颠倒"过程中未能充分压抑柏拉图主义,柏拉图主义仍然在腹语。在这个意义上,从政治的角度看,尼采称基督教是人民的柏拉图主义,这一观点再次得到了确证(我们会看到,尼采的说法只是"某种程度上"正确)。

A. **一方面**,[帕托裘卡认为,]负责任的决断服从于知识:

> 基督教神学拒绝柏拉图主义的解答[当然,这也是说它拒绝狂喜,但拒绝的基础是一种作为 sophia tou kosmou 的知识形而上学:关于世界秩序的知识,使伦理和政治服从于客观知识],虽然这种神学确乎从柏拉图主义的解答中汲取了很多重要因素。柏拉图主义的理性主义——它甚至让责任本身也服从于知识的客观性——暗中(*v podzemí*)不断影响着基督教概念。神学本身依赖于一种"自然"的根基,它将"超自然"视为"自然"的实现。(第110页)

在帕托裘卡看来,"甚至让责任本身也服从于知识的客观性"显然是放弃责任。对于他在此暗示的内容,我们怎能不同意?一个负责任的决断必须建立在知识的基础上:这个看法似乎既定义了责任的可能性条件(如果没有知识和意识,如果不知道自己在做什么、为了什么目的、根据什么立场、在何种条件下行事,那么就无法做出负责任的决断),同时又定义了这种责任的不可能性条件

(如果一项决断被交付给它只能追随或展开的知识,那么它就不再是一个负责任的决断;它将是一个认识装置的技术性运转,它将不过是一条定理的机械性展开)。因此,在道德和政治的历史中,这一**责任的绝境**,规定了柏拉图主义范式和基督教范式之间的关系。

B. **另一方面**,这也是为什么,尽管帕托裘卡将自己的伦理或法律话语(尤其是其政治话语)刻写在一种基督教末世论的视野中,他仍然触及了基督教"未加思考"的事情。无论在伦理还是政治上,基督教的责任意识/良知都未能反思它所压抑的柏拉图主义思想;与此同时,它也未能反思被柏拉图主义思想"内在化"了的狂喜般的秘仪。这一点出现于帕托裘卡对于**人格**(*personne*)的规定中——人格正是所有责任的位置和主体。在描述了"令人战栗的秘仪"中基督教的"颠倒"和"压抑"后,帕托裘卡紧接着写道:

> 归根结底,[在基督教的秘仪中,]灵魂无论上升到何种高度,都不是一种与对象的关系(比如柏拉图的"善")[因此,帕托裘卡在此暗示了柏拉图主义那里的灵魂:"诸如在柏拉图主义那里,与超验的'善'的关系同时也支配了希腊城邦(*polis*)或罗马城市(*civitas*)的理想秩序"],而是一种与"人格"的关系,"人格"洞察灵魂,却处于灵魂的视线所及之外。"人格"是什么,这个问题事实上没有在基督教视野中得到充分考察。(第107页)

没有对这一主题加以充分考察，也就是停在了"责任"的门槛前。责任人格**是什么**，也就是说，责任人格**应该是什么**，没有成为考察的主题。将灵魂向另一人格的注视敞开——这"另一人格"是超验的他者，是一个注视着我，但我自己(le moi-je)却无法抵达、无法看见、无法将之纳入我自己注视范围的他者。不要忘记，未能充分考察责任之所是或责任之所**当是**，也就是一种**不负责任**的考察：对于"负责任"意味着什么，既没有充分知识也没有充分意识，这种无知本身就是责任的缺乏。为了能够负责，就必须对"负责任意味着什么"做出回应(répondre)。如果在其非常确定而连续的历史中，"责任"概念总是包含一种超越了单纯意识或理论性认识的行动、行为、实践、**决断**，那么可以说，"责任"概念要求一种决断或负责任的行为，**有意识地/出于良知**(en conscience)对自身做出回应；也就是说，它要求明确知晓做出了什么、行为的意义是什么，其原因和目的是什么，等等。在关于责任的讨论中，哪怕是为了避免一切"良知洁癖"①的傲慢，我们始终都必须考虑到理论意识(同时必定也是一种正题性[thétique]或主题性的意识)与"实践"意识(伦理的、法律的、政治的意识)之间那种原初性的、不可化约的错综关系。必须始终牢记：当我们在概念和主题层面上对"责任"的意义缺乏充分探讨，而又要求"负责"的时候，某种"不负责任"就已经溜进来了。**也就是说，在所有场合下，"不负责任"都已经溜进来了**。我们可以在先验和非经验的意义上说"**所有场合**"，因为如果我们提到的理论与实践的错综关系确乎是不可化

---

① "bonnes consciences"指的是感到自己的行为无愧于心、道德正确的意识。——译注

约的,那么这两个错综的秩序之间的异质性,就同样是不可化约的。因此,责任的实行(决断、行为、实践)总是会延伸到所有理论性或主题性的规定之前或之外。责任不得不在缺乏理论性和主题性的规定情况下、在独立于知识的情况下做出决断,而这正是实践性自由的条件。由此我们不得不说,对于"责任"概念的主题化不但总是不充分的,而且永远是不充分的,因为就应该如此。出于相同原因,关于"责任"的上述说法也适用于"决断"。

在此,责任的实行和对于责任的理论性(甚至是教条性)探讨之间的异质性,事实上也将责任与"异教"(hérésie)关联起来:与["异教"的词源] hairesis 相关联——一方面,该词指的是选择、选拔、偏好、倾向、立场,也就是"决断";另一方面,指的是与这一决断立场对应的(哲学的、文学的、宗教的)学派;最后,[责任]也与天主教会的语言中固定下来的"异教/异端"相关联。这层意义上的"异教"或"异端",指的是教义的背离——教义内部的背离和对于教义的背离,指的是从官方的、公共的给定教义和以此为基础的制度性共同体中逃逸。由于这种"异教/异端"总是标志着偏离或逃逸(écart),总是与公共的、共同的陈述**保持距离**(à l'écart),它就不仅在这一可能性中成为责任的根本条件;与之相悖的是,它注定使得责任成为对于某种秘密的抵抗和反叛(dissidence)。它将责任置于背离之中(tient la responsabilité à l'écart)、置于秘密之中。责任**取决于**(tient à)背离和秘密。

反叛、背离、异教、抵抗、秘密——在基尔克果(Søren Kierkegaard)强调的意义上,这些都是悖论性的经验。事实上,问题在于秘密与责任的联系;根据最确信、最有说服力的意见(doxa),这种责任体现为**回应**——也就是在他者面前、在法律面前,对他者做出回应。如果可能的话,自身公开地、凭借自身的意志和目的、以负责任的行为者的名义做出回应。责任(responsabilité)和回应(réponse)的关联并不存在于所有语言之中,但捷克语里是有的:odpovědnost。

我的论述似乎既忠实于帕托裘卡的异教精神,又肯定会在后者眼中显得"异端"。事实上,这一悖论可以在帕托裘卡关于人格和基督教"令人战栗的秘仪"的主张那里找到直接的解释。不过,当帕托裘卡谈及不充分的主题探讨时,他似乎认为最终可以实现某种充分的主题探讨。在这一点上,上述悖论就与帕托裘卡的主张相反。与之相对,就有效性(pertinence)而言,主题探讨中的主题——有时是关于主题意识的现象学论题——似乎遭到了之前提到的另一种责任的根本形式的严格限定甚至否定。这种责任形式以不对称的方式将我敞露给他者的注视,我的注视——准确地说,是对于那注视着我的[他者]而言(pour ce qui me regarde)——不再是万物的尺度。责任概念属于这种奇特的概念:可以对之进行思考,但不能将它主题化。它既不表现为主题,也不表现为命题;它给予,但不将自身给予注视(sans se donner à voir),不把自己作为"看到的事实"而呈现给现象学直观。① 这个悖论性的概念也具有某种秘密的结构,具有某些宗教文化称作"秘仪"的结构。责任的实行,似乎只剩下悖论、异教、秘密这一选项,尽管它显得令人不适。更重要的是,责任的实行总是带有转向和背叛的危险:没有对于传统、权威、正统、规则、教义的背叛和

---

① 德里达从"在场形而上学"角度对于胡塞尔的现象学直观展开的批判,可参见《声音与现象》,杜小真译,北京:商务印书馆,1999。——译注

创造性破坏,就没有责任。

注视的不对称性——(在)与我有关(的注视中),这种不均衡性将我关联于那个我无法看见、对我始终保密却又向我作出命令的注视;这种不均衡性正是帕托裘卡认为体现于基督教秘仪中的恐怖、异常而**令人战栗的**秘仪。在柏拉图主义的"责任"与 *agathon*(善)之间的超验经验中,以及由此确立的政治中,上述恐怖找不到一席之地。秘密的这种恐惧,溢出、先于、超越了主体与客体的平和关系。

在向他者的注视的敞露中,这种深渊般的不对称性,是否首先是一个仅仅源于基督教的论题(哪怕是未充分主题化的基督教)？是否能在福音书"之前"或"之后"(在犹太教或伊斯兰教中)发现相应论题,这个问题暂且放一边。无论如何,对于我们解读帕托裘卡来说,基督教(以及从未与之分开的基督教欧洲)在他那里无疑为探究责任的深渊提供了一种强大的动力,即便这一动力一直受到某种"无法思考"之物(impensé)的重量、特别是受到其根深蒂固的柏拉图主义的限制:

> 由于基督教的基础(*základ*)位于灵魂深渊般的纵深中,它迄今为止仍然是人类所能到达的最强大的、永远无法超越但也无法彻底思考的动力,它让人可以与堕落作斗争。(第108页)

帕托裘卡说这一"动力"无法被彻底思考,他的意思是这项任务应该推进到底;不仅要靠更彻底的主题化,而且要靠政治和历史的运作或行动。并且,这项任务要沿着弥赛亚式的(messianique)——但另一方面也是现象学式的——终末论(eschatologisme)道路推进。有些事情尚未发生在基督教身上,尚未因基督教而发生。基督教尚未成为[真正的]基督教。尚未发生的事情,是在历史和政治历史之中,首先在欧洲政治之中,实现"令人战栗的秘仪"所宣告的新型责任。之所以迄今为止都不存在真正意义上的基督教政治,是因为始终残存着柏拉图主义的城邦。基督教政治必须更根本地切断与希腊—柏拉图—罗马政治的关系,才能最终实现"令人战栗的秘仪"。只有在这一条件下,才有欧洲的未来,才有一般意义上的未来——因为帕托裘卡谈论的与其说是一桩过去的事件或事实,不如说是一个承诺。这个承诺或许已经做出。这个承诺的时间,既界定了"令人战栗的秘仪"的经验,也界定了构成它的双重压抑。通过**双重压抑**,"令人战栗的秘仪"压抑了被柏拉图主义内在化了的狂喜**以及**柏拉图主义本身,但同时也将两者都包含在自身内部。

我们可以**在根本意义上**展开帕托裘卡文本中含蓄而富有爆炸性的内容;不仅对于某种基督教和某种海德格尔主义来说,而且对于所有关于欧洲的重要话语来说,它都显得是"异教"。推到极端,帕托裘卡的文本似乎认为,欧洲只有将"令人战栗的秘仪"充分主题化之后,只有完全成为基督教欧洲之后,才会达到它的应然状态。但与此同时,这一文本也认为,未来的欧洲必定不再是希腊式的、希腊—柏拉图主义的,甚至也不是罗马式的。"令人战栗的秘仪"所承诺的最根本要求(exigence),是一个新的(或旧的)欧洲:它将自己从希腊或罗马的记忆(人们在谈论欧洲时经常唤起的记忆)中解放出来,斩断与该记忆的所有联系,成为与之异质的存在。从雅典和罗马中解放的欧洲,其秘密是什么呢?

首先是柏拉图主义与基督教之间的、不可能也不可避免的过渡之谜。无须惊讶的是,在颠倒—压抑的时刻,我们看到一种优越地位被赋予那个不稳定的、多数的、幽灵般的历史形象(因而更吸引人也更令人振奋),即所谓新柏拉图主义,尤其是这种新柏拉图主义与罗马政治权力的关系。不过,帕托裘卡提到的不仅是新柏拉图主义的政治面目;他同时还间接提到了某种事物——它并非一个事物,而很可能是至关重要的悖论之所在,即一种**并非礼物/并非当下在场的赠予**(*don qui n'est pas un présent*),一种始终无法接近、无法呈现,因而始终保密的赠予。这一赠予事件,将赠予的"没有本质的本质"与秘密联系起来。因为可以说,如果赠予是光天化日下得到承认的赠予,也就是被认识、被感谢的东西的话,那么它马上就会自我取消。赠予是秘密本身(如果我们可以谈论秘密**本身**的话)。秘密是赠予的最后之言,赠予是秘密的最后之言。

关于从柏拉图到基督教的过渡的段落,承接的是[帕托裘卡]对于"以本真性/责任与异常/狂喜的二重性为基础的灵魂的耀眼新神话"的提及。"狂喜,"帕托裘卡写道,"没有被移除,而是被规训和奴役了。"

> 随着城邦(*polis/civitas*)的终结,当罗马君主制提出新型责任的问题时,这一主题肯定会获得首要意义。这种新型责任的基础是社会结构,也是超验性,而与之相关的国家则不再是一个由自由平等者组成的共同体。因而,自由的定义不再是与平等者(其他公民)的关系,而是与一个超验的"善"的关系。这就提出了新问题,以及新的可能解答。罗马帝国社会问题的具体呈现,归根

结底取决于柏拉图主义的灵魂观念。

如奎斯佩尔(Quispel)正确认识到的那样,就狂喜与责任的规训之间的关系而言,新柏拉图主义哲人、叛教者尤里安(Julien l'Apostat)作为皇帝,代表了一个重要的转折点。基督教只能依靠**另一种转向**(encore un revirement)才能克服柏拉图主义的解答。负责任的生活本身被认为是某种赠予;归根结底,这种赠予虽然有善的特征,但也有**不可接近**(nepřístupného)的特征,而且永远高于人类——这些都是秘仪的特征。秘仪总是掌握着最终话语。基督教对于善的理解和柏拉图不同:善是自我忘却的善意(bonté)和**自我否定**(不是狂喜)的爱。(第106页;强调为引者所加)

让我们注意"赠予"一词。一方面是这种否认,即自我放弃、牺牲(abnégation)赠予、牺牲善意、牺牲赠予之慷慨([赠予]为了实际上能够给予,必须撤回、隐藏、牺牲自身),另一方面是一种压抑,它将赠予变成牺牲的经济——这两者之间是否有一种秘密的亲缘关系、一种不可避免的污染危险,使得两个可能性既相互接近又互为异质?因为在战栗中,在恐惧的真实战栗中,被给予的正是死亡本身,是死亡的新意义,是对于死亡的新的理解/恐惧,是新的**给予自身死亡**(se donner la mort)的方式:柏拉图主义和基督教的区别,首先就是"在死亡面前、在永恒的死亡面前的转向;生存在紧密交织的不安与希望中,因罪的意识而战栗,并将全部的存在交给忏悔的牺牲"(第108页)。这是以压抑形式出现、在压抑的界限内发生的一种断裂:柏拉图主义的善(也就是"内在化"了

的狂喜般的秘仪)的形而上学、伦理学和政治学与基督教责任的"令人战栗的秘仪"之间的断裂:

> 它不是任何狂喜——它不仅始终处于从属地位,而且在某些方面被压抑到了极限——但仍然是一种"令人战栗的秘仪"。"令人战栗",因为从此以后,责任就不在于人的视线所及的"善"和"统一"的本质之中,而在于与至高、绝对、不可及的存在者的关系之中,它从内部、而非外部,将我们掌控在手里。(第106页)

帕托契卡很熟悉海德格尔的思想和语言,这里的暗示有着非常明确的意图;从内部掌控我、注视着我的至高存在者或上帝,界定了那与我相关的/注视着我的[他者](ce qui me regarde),并由此让我明白自己的责任。将上帝定义为至高的存在者,这是海德格尔在论及"此在"的原初而根本的责任时,加以拒斥的一个"本体—神学"(onto-théologique)命题。此在听到这一呼声(Ruf)——在这基础上,此在感到:在一切特别的错误和特定的债务之前,自己在原初意义上负有责任,感到自己是有罪责的(schuldig)或负债的;但首先,此在并不对任何投来注视或言语的特定存在者负责。根据海德格尔对于他所谓"呼声"或"呼声的意义"(Rufsinn)的描述,它是原初意义上"负责任"或"负有罪责"(Schuldigsein)的此在的"操心"经验和原初现象。通过这一描述,海德格尔提出的存在论分析试图超越神学的视野。① 在这种原初性中,此在与至高存

---

① Martin Heidegger, *Sein und Zeit*, p. 269, §54.

在者(作为向良心或 Gewissen 发话的声音的起源,或紧盯道德意识一举一动的注视的起源)之间没有任何关系,甚至排除了这样一种关系。海德格尔多次将康德式的法庭表象——良心被提唤到它**之前**,提唤到它的**注视下**——描述为一个"形象"(*Bild*),并至少从本体论的角度对它做出批判。① 另一方面,呼召此在的缄默之声也拒绝一切可能的认同。它是绝对不确定的,即使"这一呼者的这种特有的不确定性与不可确定性并非虚无"(*Die eigentümliche Unbestimmtheit und Unbestimmbarkeit des Rufers ist nicht nichts*)②。在原初意义上,责任的起源无论如何不能回溯到一个至高的存在者那里。但这里没有什么神秘的东西,也没有秘密。这种不确定性和不可确定性并不神秘。这一声音始终缄默,也不是任何特殊的声音,不是任何可确定的声音:这一事实是良心 Gewissen (被不恰当地译为道德意识,即责任意识)的条件,但并不意味着这个声音是一种秘密或"神秘的声音"(*geheimnisvolle Stimme*)③。

所以,帕托裘卡有意逆海德格尔而行。他很可能相信,如果真正的责任或义务不是从某一人格那里来到我这里——这一人格有如绝对的存在者,它将我固定,将我牢牢掌控在手中,将我牢牢注视(尽管在这一不对称关系中,我无法看到它;我必须无法看到它)——那么责任或义务就无法维系。这一至高的存在者、这一无限的他者首先与我相遇,降临在我身上(事实上,海德格尔也

---

① Id., ibid., p.271, §55, p.293, §59. [参见康德:《道德形而上学原理》,苗力田译,上海:上海人民出版社,2005,第13节。——译注]

② Id., ibid., p.275, §57.

③ Id., ibid., p.274, §56.

说:源头始终无法确定的呼声既来自我自身,也降临在我身上;它从我这里出现,又降临在我身上——Der Ruf kommt aus mir und doch über mich ["呼声**出于**我而又**逾越**我"]①)。帕托裘卡将我的责任的起源归诸一个至高的存在者,这看起来与海德格尔相矛盾,但似乎也与帕托裘卡自己的论述相矛盾,因为他在别的地方提到,尼采正确地将基督教描述为民众的柏拉图主义,因为"基督教上帝显然取代了本体—神学观念的超验性";而另一方面,基督教和本体—神学之间存在着"根本的原则性差异"(第107页)。为了避开这一矛盾,他需要(或许这是帕托裘卡论述的内在设想)将自己关于至高存在者的思考,区别于海德格尔(而且只是海德格尔)提出并试图正当化的"本体—神学"概念。

　　责任的上述暗号系谱学或秘仪系谱学(crypto- ou mysto-généalogie),由"给予/赠予"和"死亡"这两股紧密缠绕的绳索编织而成:也就是**给予的死亡**(la mort donnéé)。我无法接近的、把我掌控在手中和注视下的上帝所给出的赠予,"令人战栗的秘仪"的这种极其不对称的赠予,正是通过给予我死亡(en me donnant la mort),通过给予死亡的秘密,通过给予一种新的死亡经验,而让我做出回应,唤起我的被上帝给予的责任。

　　我们现在要问的是,这一关于赠予和死亡的赠予的话语,是否是关于牺牲和**为他者而死**的话语。尤其是因为,对于责任之秘密的考察,对于秘密和责任的悖论性结合的考察,非常具有历史和政治意义。它涉及欧洲政治的本质或未来。

　　正如城邦和与之对应的希腊政治,柏拉图主义的瞬间徒然地

---

①Id. , ibid. , p.275, §57.

将神灵般的秘仪内在化;它作为一个没有秘仪的瞬间**自我呈现/在场**(*se présente*)。在柏拉图主义的城邦里,人们公开宣称不允许有任何秘密;正是这一点,将柏拉图式城邦的瞬间区别于被它内在化的狂喜般的秘仪,**并且**区别于对它进行压抑的基督教的"令人战栗的秘仪"。在柏拉图主义**之前**和**之后**的时代,都能为秘密、秘仪或神秘找到位置(神灵般的—狂喜般的秘仪或"令人战栗的秘仪");但在帕托裘卡看来,这些在柏拉图主义传统的哲学和政治那里不存在。这个意义上的政治排除了神秘。由此,在欧洲、甚至在现代欧洲,继承这种希腊—柏拉图主义的政治,就意味着忽略、压抑或排除秘密的根本可能性,以及责任与保守秘密之间的一切联系;意味着忽略、压抑或排除一切令责任取决于秘密的东西。从这里只需一小步,只需在开放的通路上简单前进,就会不可避免地从(希腊意义上的)**民主**过渡到**极权主义**。这里的后果会相当严重,值得我们详细考察。

二、超越：为了取走而给予，学习/教授给予—死亡

这一叙事具有系谱学性质，但它并不仅仅是一种记忆行为。与所谓伦理性、政治性的行为相同，它是一种**证言**(*témoigne*)，为了今天和明天的证言。它首先意味着思考今天发生的事情。叙事的指向经过了一个系谱学的迂回，为的是刻画（但更是为了谴责、哀叹、打击）目前——在今天的欧洲——秘仪或狂喜般的神秘化的回归。

如其文章标题①所示，帕托裘卡想知道为什么技术文明正在衰落(*úpadková*)。答案看来很清楚：这一向着"非本真性"的衰落，标志着狂喜般或神灵般的事物的回归。与一般的认识不同，技术现代化没有将任何事情变得中性；它使神灵般的事物以某种形式复活了。确实，技术现代化通过冷淡和倦怠而将事物变得中性；但正因如此，恰恰在这个意义上，它让神灵般的事物得以回归。倦怠的文化和狂喜般的文化之间有一种亲缘关系，或至少两者是同期现象(synchronie)。技术的主宰助长了神灵般的无责任，后者在性方面的重要性无须赘言。正是在这种倦怠的基础上，技术性的扁平化也随之而来。技术文明导致了狂喜的膨胀或再膨胀

---

①文章标题为《技术文明是衰落了的文明吗？为什么？》——译注

（recrue），其结果是为人熟知的审美主义和个人主义。之所以会如此，恰恰是因为技术文明引起倦怠，因为它"敉平"了、中性化了"负责任的自我"所具有的那种神秘而无可替代的独特性（singularité）。技术文明的个人主义，建立在对于独特自我的无知基础上。这是一种**角色**（rôle）个体主义，而不是**人格**（personne）个体主义。换言之，或可称之为面具或 persona 的个体主义：人物（personnage）而非人格（personne）的个体主义。帕托裘卡提到，文艺复兴以来发展起来的现代个体主义，对于它的种种解释（尤其是布克哈特[Burckhardt]的解释），关心的都是[个体]**扮演的角色**，而不是独特人格——人格的秘密始终藏匿于社会面具背后。

下述替代性选项都非常混乱：个体主义变成社会主义或集体主义，模仿着独特性的伦理或政治；自由主义与社会主义合流，民主与极权主义合流，而所有这些形象都有一个特点：对于和角色的客观性无关的一切都漠不关心。"一切人的平等"这一资产阶级革命口号，成了角色的客观或量化的平等，而不是人格平等。

以真理和原初本真性之名对面具或拟像（simulacre）展开的批判，尤其当它与技术批判相结合的时候，显然可以追溯到一个传统中去。帕托裘卡似乎没有充分意识到这一连续性——其逻辑看起来从柏拉图一直绵延至海德格尔。而正如个体扮演的角色以社会面具掩盖了他无法取代的本真性，技术—科学的客观性所产生的倦怠文明也掩盖了神秘："最复杂精微的发明引起倦怠，因为它们不能带来对于神秘（Tajemství）的激化——神秘隐藏在我们的发现背后，隐藏在揭示给我们的事情背后。"（第114页）

让我们整理一下这一论述的逻辑。它批判非本真性的掩盖（这层意思在技术、角色、个体主义和倦怠那里都存在），但不是以揭示或去蔽之真理的名义，而是以另一种掩盖的名义进行批判；这种掩盖将遮蔽着的神秘保留在自身的储藏（réserve）之中。非本真性的掩盖（戴面具的角色的掩盖）引起倦怠，因为它想要敞露、展现、暴露、展示、激发好奇。通过敞露一切，它掩盖了本质始终隐藏着的事物，即人格的本真性神秘。本真性神秘必须**始终**保持神秘，我们接近它的方式，只能是让它如其所是地存在于遮蔽、退却（en retrait）①、掩盖的状态中。去蔽的暴力，在非本真的意义上掩盖了本真性的掩盖。在文章最后几页，"神秘""根本的神秘"等词反复出现；至少就其语调和逻辑来说，显得愈发接近海德格尔。

在此，另一个概念可以清楚显示这种论述对于海德格尔的重要借鉴，即"力量"（síla）概念。帕托裘卡试图质疑的一切——非本真性、技术、倦怠、个体主义、面具、角色——都源于一种"力量形而上学"（Metafyzika síla）。"力量"已经成为"存在"的现代形象。"存在"已经被定义为一种可计算的力量；人不和这种"力量"形象**底下隐藏**的"存在"发生关系，而是将自己设想为可量化的权力。帕托裘卡对于将"存在"规定为"力量"的描述，其图式

---

① 与海德格尔的"Entzug"一词相呼应。在海德格尔那里，"Entzug"指的是存在向存在者显现的同时自身退却的过程。德里达在1978年的演讲《隐喻的退却》中探讨海德格尔时，提到了"Entzug"和"retrait"的对应。参见《Le retrait de la métaphore》，*Psyché*，1987，第79页以下。在第四节和《秘密的文学》中，德里达将就上帝的"retrait"展开论述。——译注

与海德格尔讨论技术问题时所用的图式类似：

> 人不再是一种与存在(*Bytí*)的关系,而已成为一种强大的权力,最强大的权力之一。[这一最高级(*jednou z nejmocnějších*)清楚表明,人把自己置于和世上其他力量的同质性关系之中,只不过人的力量是最强大的。]尤其在社会存在层面,人已成为巨大的发射台,将宇宙中贮藏和束缚了几千年的力量都释放出来。人仿佛成了一个纯粹由力量组成的世界里的大型能量积蓄器,一方面为了生存和繁衍而利用这些力量,另一方面自己也因此被整合进同一进程中,和其他能量状态一样被积蓄、计算、利用和操纵。(第116页)

60　这段描述初看起来与海德格尔颇为接近,而其他如"存在隐藏于力量之中"(同上)、"力量成为存在的最极端的退却"(第117页)也一样。帕托裘卡对于存在被力量遮蔽、正如存在被存在者遮蔽的阐释,看起来也与海德格尔相似。或许可以说,帕托裘卡并不忌讳这种相似;但他唯一一次明确提及海德格尔的地方,却采用了奇特的暗号(cryptée)形式。出于某种理由,仿佛其名字无法出现一般,海德格尔仅仅被**提示**(而在相同语境和相同的论述方向上,其他人的名字则被明确提到了,如阿伦特[Hannah Arendt])。"一位伟大的当代思想家在其著作中提出了存在被存在者消解的看法,但没有被人信任甚至注意。"(同上)海德格尔就在这里,但没有被人注意。他是可见的,但没有人看到他。帕托裘卡似乎想说(但没有因此明说):海德格尔就在那里,仿佛那封失窃的信①。我们一会儿就会看到失窃的信的回归。

不过,[帕托裘卡的论述中]也有一些海德格尔绝对不会赞同的说法,例如将力量形而上学表现为"神话",或表现为一种非本真性的虚构:"由此,力量形而上学是虚构的、非本真性的(*fiktivní a nepravá*:非真)"(第116页)。海德格尔绝不会说,存在的各种形而上学规定,或存在者形象和模式对于存在的掩盖历史,发展出了种种**神话**或**虚构**。这些表述更接近尼采而非海德格尔。海德格尔也绝不会认为形而上学本身"非真"或"非本真"。

如果我们始终坚持这里(非本真性)掩盖的逻辑——通过简单地暴露或展示(本真性)掩盖,通过为看而看、为看而使它暴露(即海德格尔定义的"好奇"②),它掩盖了(本真性的)掩盖——那么在此,我们就找到了秘密的逻辑的一个例子。保守这一秘密的最好方式就是暴露它。将掩盖给掩盖起来的最好方式,就是这种特殊的遮盖:它将掩盖予以展现、敞露、暴露。这种非本真性的掩

---

① 爱伦·坡的小说《失窃的信》讲述了侦探杜邦帮助警察局局长破案的故事:部长D从一位女性的卧室里偷走了一封非常重要的信,他用另一封信将它调包。警察局局长带人到D的住处搜索,一无所获。而杜邦注意到,D故意将信放在显眼的位置,反而没有被警察局局长等人发现。最后,杜邦通过又一次调包,取走了失窃的信。参见法国思想家拉康(Jacques Lacan)对这个文本展开的著名分析:«Le séminaire sur "La lettre volée"», dans *Écrits*, Paris: Seuil, 1966, pp. 11 –61. ——译注

② 参见海德格尔《存在与时间》第36节:"……而自由空闲的好奇操劳于看,却不是为了领会所见的东西,也就是说,不是为了进入一种向着所见之事的存在,而仅只为了看。它贪新骛奇,仅只为了从这一新奇重新跳到另一新奇上去。"(第200页)——译注

盖,掩盖了存在的神秘,它将存在呈露为一种力量,将存在展现在面具背后,展现在虚构或拟像的背后。所以,帕托裘卡在此提到爱伦·坡的《失窃的信》就不足为怪了:

> 因此,"力量"成为存在的最极端的退却,正如爱伦·坡的著名小说中那封失窃的信:当它以存在者全体的形式呈露自身的时候,也就是,以相互组织和相互解放的力量(包括人类,他们被剥夺了一切事物,被剥夺了一切神秘)形式呈露自身的时候,最为安全。
> 一位伟大的当代思想家在其著作中提出了存在被存在者消解的看法,但没有被人信任甚至注意。(第117页)

海德格尔**本人**及其著作似乎成了一封失窃的信:不仅演绎了通过暴露而掩盖信件的游戏,而且本人取代了这里所谓的"存在"或"信件"(l'être ou lettre)。不论两人自己怎么看,海德格尔和坡在去世后被折叠收纳进同一个关于信件的故事/历史,这不是第一次。通过对海德格尔的名字保持沉默,通过层层折叠/回避(escamotage),帕托裘卡进一步让我们警惕这里的巧妙技法(escamotage)。

死亡在《失窃的信》(La letter volée)的游戏中占据着至关重要的位置,这一点将我们重新带回**对于死亡的把握/恐惧**,也就是说,带回这种**给予自身死亡**的方式——它似乎将支配性运动印刻在这篇异端文章之中。

我们在此所谓"对于死亡的把握/恐惧",指的既是 *meletē*

thanatou（死亡训练）中对于灵魂的关切（*epimeleia tes psukhes*）、充满焦虑的关心和操心，也是阐释性的态度为死亡赋予的意义。这种阐释性态度在不同文化和不同瞬间（例如在狂喜般的秘仪那里，接着在柏拉图式的 *anabasis* 那里，接着在"令人战栗的秘仪"那里）以不同方式把握死亡，每次都采取不同的进路。对于死亡的接近或把握，不仅指向预期的经验，也密不可分地指向死亡在这一解释性进路中显露的意义。这始终关系到如何看见那无法看见的事物的到来，如何给予自身那可能永远无法纯粹而单纯地给予自身的事物。自我对于死亡的预期，[表现为]每次都为死亡赋予或给予一种不同的价值，将那事实上无法简单占有的事物给予自身或**再**占有（se *ré*-appropriant）。

帕托裘卡认为，以柏拉图主义形式出现的对于责任的首次自觉，对应于死亡经验中的一次转向。哲学诞生于这种责任，与此同时哲人产生了对于责任的自觉。哲人**本身**的到来发生于这一瞬间：灵魂不仅在为死亡的准备中自我聚集，而且它准备好接受死亡，甚至将自己给予死亡，预期自己能摆脱身体，同时摆脱神灵和狂喜。通过向死亡的过渡，灵魂实现了自己的自由。

但"令人战栗的秘仪"开启了**另一种死亡**，另一种给予或给予自己死亡的方式。在这里，我们听到了"赠予"一词。这另一种把握死亡的方式（也就是另一种把握责任的方式），源于接受来自他者的赠予。这个他者以绝对的超验性注视着我，而我却无法看到他；他将我掌控在手中，我却仍然无法接近他。基督教的"颠倒"**反过来**回转了柏拉图主义的回转，这种"颠倒"是一种赠予的侵入（irruption）。一个事件给予了这样的赠予：它将善（Bien）转化为自我遗忘的善意（Bonté），转化为自我放弃的爱：

> "负责任的生活"被视为一种**赠予**,尽管它归根结底具有善的性质[也就是说,在赠予的核心仍然保留着柏拉图主义的 *agathon*(善)],但对人来说,它同时也不可接近、永远居于高位——这些是秘仪的特征,秘仪总是握有最后的发言权。(第 106 页;强调为引者所加)

被给予的事物(它也会是某种死亡)不是某样东西,而是善意本身,是向外给予(donatrice)的善意,是给予行为或赠予的赠予(la donation du don)。善意不仅必须遗忘自身,而且其来源也始终要让受赠人无法获知。在这一不对称关系中,受赠人接受的赠予也是一种死亡,一种给予的死亡,[让受赠人]以某种特定方式死亡的赠予。这种不可接近的善意尤其是对受赠人的命令,它要求受赠人服从,它将自己作为善意、也作为法(loi)而给予受赠人。在什么意义上,这种法的赠予不仅是一个新的责任形象的诞生,而且是另一个死亡形象的诞生?为理解这一点,我们有必要考察自我的独一性(unicité)和无可替代的独特性:由于这种独一性和独特性,实存(existence)摆脱了所有可能的替代。不过,以被给予的法为出发点的责任经验,与通过绝对独特性的经验而把握自己死亡[的经验],是同一种经验:死亡是其他人无法代替我经受或直面的事情。可以说,我的无可替代性是死亡赋予、授予、"赠予"的。这是同一种赠予、同一种来源,应该说是同一种善意和同一种法。死亡是我的不可替代性的所在,也就是我的独特性所在;正是以死亡为基础,我感受到了责任的呼召。在这个意义上,只有必死者(mortel)才能承担责任。

在某种程度上,帕托裘卡的立场再次和海德格尔类似。在《存在与时间》中,海德格尔在关于"向死存在"的章节过后,讨论了良心(*Gewissen*)、呼声(*Ruf*)、面对呼声的责任,进而讨论了作为原初罪责(*Schuldigsein*)的责任。海德格尔明确指出,死亡是我的无可替代性的所在。如果"为我"(pour moi)一语的意思是"代替我",那么没有人能为我而死。"Der Tod ist, sofern er 'ist', wesensmässig je der meine."("只要死亡'存在',它依其本质就向来是我自己的死亡。")① 在这之前,海德格尔考察了牺牲,基本上预见了(预先将自己暴露给它,又从它那里逃开)列维纳斯将不断对海德格尔提出的反驳:在"此在"的实存那里,海德格尔将特权赋予"(我)自己的死亡"。② 在此,海德格尔没有就牺牲举出任何例子,但我们可以设想各种牺牲:宗教或政治共同体的公共空间中的牺牲、家庭的半私人空间中的牺牲、一对一的秘密中的牺牲(为上帝而死、为祖国而死、为救孩子或爱人而死)。海德格尔强调,**为了他者而给出自己的生命**,**为了他者而死**,并不意味着代替他者而死。相反,恰恰因为死亡——如果它"存在"的话——始终是我自己的死亡,我才可以为他者而死,或将我的生命**给予**他者。只有在这种"无可替代性"的意义上,才有自我的赠予,才可以设想自我的赠予。海德格尔自己没有这样表达,但在我看来,我们如此改写他的论述并没有背离他的思想,因为他和列维纳斯一样,始终关注"牺牲"的根本而基本的可能性。同样在这里,海德

---

①Martin Heidegger, *Sein und Zeit*, p. 240, §47.

②Emmanuel Lévinas, «La mort et le temps», Cours de 1975—1976, dans *Cahiers de L'Herne*, n° 60, 1991, p. 42.

格尔在强调了无可替代性之后,将它规定为牺牲的可能性条件,而不是不可能性条件:

> **任谁也不能从他人那里取走他的死**(*Keiner kann dem Anderen sein Sterben abnehmen*)。当然有人能够"为他人赴死"[这句话被放在引号内,因为它差不多是一句习语:为他人而死("*für den Anderen in den Tod gehen*")]。但这却始终等于说:"**在某种确定的事业上**"为他人牺牲自己(*für den Anderen sich opfern* "*in einer bestimmten Sache*")。①

海德格尔强调"in einer bestimmten Sache",意思是"为了某件确定的事",从某个特殊而非总体性的观点看。我可以将我的全部生命给予他者,我可以将我的死亡交给他者,但我由此而能代替或拯救的只是某个特殊情境中的部分东西(这里将有非总体性的交换或牺牲,将有牺牲的经济)。我不会**代替他者**死亡。我永远无法将他者从其死亡中、从影响其存在整体的死亡中解救出来,对此我有绝对的、绝对确定的认知。因为众所周知,上述关于死亡的论述是从海德格尔对于所谓 *Daseinsganzheit*("此在"之总体)的分析中引出的。这里的问题确乎是"为了"[一词]**对于死亡**的意义。死亡的与格(**为他者而死**,将某人的生命给**予他者**)指的并不是一种替代(不是"代替他者"意义上的 *pour* 或[拉丁语]*pro*)。"**代替他者死亡**"意义上的"**为他者**而死",是根本不可能的事情——而一切都从这一不可能性处获得意义。我可以给予他者

---

① Martin Heidegger, *Sein und Zeit*, p.240, §47.

一切,除了必死性,除了"代他而死"(并将他从他自己的死亡中解救出来)意义上的"为他而死"。如果我的死亡能让他多活一会儿,那么我可以为他而死;为了让他暂时摆脱死亡的魔爪,我可以救人于水火之中;在字面意义或比喻意义上,我可以为他付出全心,确保他活得长久。但我无法代替他死亡,我无法给予我的生命以换取他的死亡。我们提到,只有必死者能够给予。现在我们必须加上:必死者只能向必死者做出给予,因为他能给予一切,但不能给予不朽,不能给予作为不朽的拯救。在这里,我们显然处于海德格尔的牺牲逻辑之中,而这一逻辑或许既不是帕托裘卡的(即便他至此的论述似乎都遵从海德格尔),也不是列维纳斯的。

他们的逻辑尽管不同,但还是相互交错:他们都将责任(作为独特性的经验)根植于对死亡的把握性接近之中。在这里,责任的意义总是被认定为一种"给予自身死亡"的形态。既然我无法为他者(代替他)而死,尽管我可以**为**他而死(为了他而牺牲我自己,或在他面前牺牲自己),那么,我自己的死亡就成为我必须承担的无可替代性,只有这样我才是绝对属己的。我最初和最后的责任、我最初和最后的意志、责任的责任,使我与无人可以代替的事情发生关联。而这也是 *Eigentlichkeit*(本真性)的固有场所:通过操心,*Eigentlichkeit* 本真性地将我和固有的可能性(作为"此在"的可能性和自由)联系起来。从《存在与时间》的这一核心主题中,我们可以在最严格的意义上理解死亡的所谓无可替代性:

> 这种为他人死(*Solches Sterben für*)却绝不意味着以此可以把他人的死取走分毫(*dem Anderen... abgenommen sei*)。

这一 *abnehmen*（取走、拿走）对应于下一句话中的 *aufnehmen*，另一种方式的获取、自我承担、承受、接受。由于我无法从他者那里取走死亡，他者也无法从我那里取走死亡，每个人始终都要由**自己承担**自己的死亡。每个人都必须自己承受死亡——这是自由，也是责任——死亡是这个世界上唯一一个没人可以**给予或取走**的东西。至少就这一逻辑而言，我们在法语中说：personne ne peut ni me donner la mort ni me prendre la mort. （没人可以给予我死亡，没人可以取走我的死亡。）即使有人可以在"杀死我"的意义上给予我死亡，死亡也仍然是我自己的；只要死亡不可化约地是我自己的，只要死亡永远无法移除、借走、移送、委让、承诺或传递，我就无法从别人那里接受死亡。正如死亡无法被给予我，它也无法被从我这里取走。死亡就是这一"**给予——拿取**"（*donner-prendre*）的可能性，而它自己则从因它而产生的可能性那里，也就是从"**给予——拿取**"那里逃开了。对于一切"**给予——拿取**"经验的中断，其名称便是"死亡"。但这并不排除下述事实：只有以死亡为前提、以死亡的名义，**给予**和**拿取**才得以可能。

严格而言，上述命题无法在帕托裘卡或列维纳斯的论述中找到，也无法在海德格尔的论述中找到；把我们引到这里的，是海德格尔从 *abnehmen* 到 *aufnehmen*（在 *auf sich nehmen*[自我承担]的意义上）的过渡。我们无法 *abnehmen* 的死亡（我无法从他者那里取走以免除其死亡，他者也无法取走或承担我的死亡）、不可能代替的死亡、无法从他者那里取走或承担的死亡，必须由自己承担（*auf sich nehmen*）。海德格尔之前提到，"为……而死"的死亡，指的绝不是死亡可以从他者那里 *abgenommen*（拿走、免除）。他写道：

> 每一此在向来都必须自己接受自己的死(Das Sterben muss jedes Dasein jeweilig selbst auf sich nehmen)。

如果给予自身死亡意味着所有与死亡的关系都是一种阐释性的把握,都是对于死亡的再现式的接近,那么为了给予自身死亡,我们就必须自己承担死亡。我们必须**通过自己承担死亡而给予自身死亡**,因为死亡在无可替代的意义上只能是我们自己的(en propre)——即便如我们刚才所说,**死亡既无法取走也无法给予**。不过,如果死亡无法拿取或给予,那是说从他者那里取走或给予他者,所以我们只能通过自己承担死亡而给予自己死亡。

所以,问题就在于这个"自己本身"(soi-même),在于这个必死的或死亡中的[自己的]"同一性"(le même)或"自己本身"。"谁""什么东西"给予自己死亡、由他或她自己承担死亡?顺便一提,在我们此处分析的这些话语里,死亡的瞬间都没有考虑或明确性别的差异,仿佛——人们会倾向于这么认为——在死亡面前,性别差异不复存在;死亡是最后的地平线,也就是性别差异的终结;性别差异将是**至死方休**的存在。

自己本身的同一性(le même du soi-même),[作为]死亡中始终无可替代的东西,只有在和必死性(意味着无可替代性)的关系中,才是其所是——才是自己在自己本身中的同一性。在海德格尔的逻辑中,并不是[先]有一个"自己本身",一个操劳的此在,把握了它的 *Jemeinigkeit*(向来属己性)之后,再成为一个"向死存在"。正是在"向死存在"中,*Jemeinigkeit* 的自己本身得以形成,成为其自己,也就是成为其无可替代性。自己本身的同一性是死亡给予的,是将死亡承诺给我的"向死存在"给予的。只有在这种自己本身的同一性——作为具有不可化约之差异的独特性——得以可能的前提下,为他者死亡或他者的死亡才获得意义。无论如何,上述意义绝不会改变,反倒是确认了无可替代的 Jemeinigkeit 中那个"向死存在"的自己本身。由于 Jemeinigkeit 的必死的自己本身是原初的、非派生性的,它确乎就是呼声(Ruf)得以被听见、责任得以开始的所在。事实上,此在必须首先回应自己,回应自己的同一性(mêmeté),并且只能从自己那里接受呼声。但是,这并不妨碍呼声从上降临到此在:呼声仿佛从此在内部降临到此在,它以自律的方式施加给此在,而这也是例如康德意义上的"自律"的根源("呼声出于我而又逾越我"[Der Ruf kommt aus mir und doch über mich]①)。

在这里,我们可以看到列维纳斯[对海德格尔]进行反驳的原则所在(我们以后重读海德格尔分析死亡作为此在的"不可能的可能性"时,还要回到这一点②)。列维纳斯想提醒我们,责任首先不是我自己对于自己的责任,我自己的同一性来源于他者,仿佛它和他者相比是第二位的,仿佛它作为责任和必死性,取决于我在他者面前的责任、我对于他者之死的责任、我在他者之死亡面前的责任。我的责任是独特而"无法让渡"的,首先是因为他者的必死性:

我对他者之死所负的责任,几乎将我包括进他的死

---

① Martin Heidegger, *Sein und Zeit*, p.275, §57.
② 参见 Jacques Derrida, *Apories*, Galilée, 1996.——译注

亡之中。这一点或许可以用一个更容易接受的命题加以表述:"我对他者负有责任,因为他终有一死(mortel)。"他者的死亡,便是第一死亡(la mort première)。①

这里说的"包括"指的是什么?我们如何能被包括进他者的死亡?为何不能?"将我包括进他的死亡"是什么意思?只有移除那些阻止**良识**(*bon sens*)②对此进行思考或"经历"的逻辑学或拓扑学,我们才可能接近列维纳斯的上述思考,才可能理解死亡对于我们的教诲(nous ap-prend),才可能理解死亡给予我们的思考——让我们的思考超越"给予—拿取":即 adieu。什么是 adieu? adieu 是什么意思/想说什么?说出"adieu",意味着什么?如何言说、如何听到"adieu"?不是"l'adieu",而是"adieu"③?为何从 adieu 开始思

---

① Emmanuel Lévinas, «La mort et le temps», *op cit.*, p.38.

② 笛卡尔的概念。"良识"(*bonamens*)指的是"普遍智慧"(*universalis sapientia*),或是一种所有人都具有的智慧的判断力。正如中译本《谈谈方法》的译者注所说,"良识"不是指"可以弄错的感觉官能如视、听等",而是"一种绝对正确的分辨能力";同时,它也不同于"分辨善恶的能力,而是指分辨真假的能力,即理性的知识论意义而非伦理学意义。此外,这里用的也不是斯多亚派智慧的意思,如《引导心智的规则》中所说的那种 bona mens[良心]"(王太庆译,北京:商务印书馆,2000,第 3 页)。亦参见 René Descartes, *Rules for the Direction of the Natural Intelligence*, ed. and trans. George Heffernan (Rodopi, 1998), p.65.——译注

③ 加了定冠词的 adieu 作为普通名词表示"离别""告别",而没有定冠词的 adieu 作为感叹词含有"再见"等义。对于这个词的分析,亦见 Jacques Derrida, *Adieu à Emmanuel Lévinas*, Galilée, 1997.——译注

考死亡,而不是反过来?

我们在此无法展开这一移除工作。但需要注意,列维纳斯在一个段落中,将死亡的第一现象定义为"没有回应";在那里,他宣称"意向性不是人的秘密"(在追溯责任之起源的过程中,充满了悖论性和挑逗性的特征):"人的存在(*esse*)不是一种 *conatus*(力),而是无利害(*désintéressement*)和 *adieu*。"①

在我看来,*adieu* 至少意味着三点:

第一,被给予的招呼或祝福(在所有记述语②之前,"*adieu*"可以表示"你好""看到你了""看到你在那儿";在向你说别的话之前,我先跟你打招呼——在法语的有些场合,人们在见面而不是离开的时候说"*adieu*");

第二,在分别、离开的时刻——有时是永远的离别(这一可能性绝不能排除):不可能再回到这个世界上,在死亡的时刻给予的招呼或祝福;

---

①Emmanuel Lévinas, «La mort et le temps», *op cit.*, p.25.

②"constatif"指的是对于事实进行陈述或确认的语句,与所谓"述行语"或"施事句"(performative)相对。记述语陈述一个事实,如"毯子上有一只猫",可以根据它的指涉来判断句子的对错;述行语则无关陈述,而是以言行事,如这里提到的问候语"你好!":我并没有通过这个句子来陈述我打招呼的事实,这个句子就是打招呼。当然,在奥斯丁本人的考察中,这一区分也并不是严格而绝对的。参见 J. L. Austin, *How to Do Things with Words*, Harvard University Press, 1975. 关于德里达对奥斯丁的解构,参见 Derrida, *Limited Inc.*, ed. Gerald Graff, Evanston: Northwestern University Press, 1988. ——译注

第三,表示"对于上帝""给上帝"或"在上帝面前"的"à-dieu"——先于一切、在与他者的一切关系中、在全然不同的"dieu"中。与他者的一切关系,在一切事情之前和之后,都将是一种"adieu"。

对于"存在"的问题或"此在"对自身的存在"漠不关心"的问题所具有的本源性质和根本性质,上述关于离别(关于"再见")的思想也构成了质疑。不过我们在此无法详述。列维纳斯不仅指责海德格尔从"此在"自己的死亡这一特权位置展开论述①,而且指责他将死亡设想为(se donner)一种单纯的毁灭和向"非存在"的过渡,由此将给予的死亡作为"向死存在",刻写在"存在"问题的视域内。但是,他者的死亡——或为他者而死——确立了我们的自己和我们的责任,[这一死亡]对应于一种比"存在"意义之理解或前理解更为原初的经验:"与死亡的关系比任何经验都要古老,它不处于存在或虚无的视野内。"②

在此,最古老的是他者,是他者的死亡的可能性,或为他者而死的可能性。这种死亡首先不是作为毁灭而被给予的。在牺牲的伦理维度中,它将责任确立为**给予自身死亡**或**交出其死亡,也就是交出其生命**。

帕托裘卡的论述既接近海德格尔(他很熟悉海德格尔),也接近列维纳斯(不知道他是否读过列维纳斯),但又和两者都不同。

---

① Id., ibid., p. 42.
② Id., ibid., p. 25.

虽然有时候差异看起来无足轻重，但也不仅仅是语气或情绪的问题。这里的差异也可能非常关键。将帕托裘卡区别于海德格尔和列维纳斯的，不仅是他的基督教（为了论述方便，我们假定海德格尔和列维纳斯的思想核心有别于基督教，虽然这一点远非确论）；除了基督教，对于欧洲、对于欧洲的历史和未来的看法，也将帕托裘卡区别于两者。由于帕托裘卡的基督教政治带有某些异教因素，甚至是确定地倾向于某种异教原则，局面就非常复杂甚至模糊，因而也更有意味。

至此我们看到，海德格尔和列维纳斯各自分析责任中的"给予自身死亡"时，带有一致和分歧。让我们回到这些一致和分歧的交错点。我们可以在帕托裘卡那里找到所有相同的因素，但它们从根本上被他提到的一系列基督教主题所改造和多元决定了。

我们可以［从帕托裘卡的论述中］辨认出基督教主题，并不意味着这个文本从第一个字到最后的署名都带有基督教性质，尽管对于帕托裘卡本人我们或许可以这么说。根本而言，这不太重要。既然这个文本通过解读秘仪的历史、秘仪的内在化和压抑的历史，论述欧洲责任的系谱或作为欧洲的责任的系谱，论述"**欧洲—责任**"的系谱，那么我们始终可以说，对于这种经历了某种基督教历史（谁又能说不是呢？）的责任，帕托裘卡分析、解读、重构甚至解构了它的历史。而且，这两个假设之间的抉择（它是否是一个基督教文本，帕托裘卡是否是基督教思想家），意义也很有限。如果它带有基督教性质，那也是一种异教和夸张的基督教。帕托裘卡谈论和思考的，是基督教尚未谈论和思考的事情：基督教本该是、却还不是什么。

基督教的一系列主题,围绕**赠予**而集中起来——作为死亡之赠予的赠予,某种死亡的无底赠予:无限的爱("善"作为无限自我忘却的善意)、罪和救赎、忏悔和牺牲。一种[特殊的]逻辑,内在而必然地将所有这些意义生产出来并联系起来;这种逻辑归根结底(而这也是为什么它在某种程度上仍能被称为"逻辑")不需要**启示的事件或对于事件的启示**。它需要思考这种事件的可能性,但不需要思考事件本身。这一重要差异,使得论述的展开不必参照作为制度性教义的宗教,也提出了一种系谱学思考:它考察宗教性事物的可能性和本质,本身却不是信条(article de foi)。适当修改后,这一点也适用于今天的许多话语(某种类型的哲学话语,如果不是哲学[本身]的话):它们想成为宗教话语,却不提出任何会在结构上与既有宗教教义形成对应的论题或神学素(théologèmes)。这里的差异非常细微而不稳定,需要进行细致严密的分析。出于不同理由和不同指向,列维纳斯的话语、马利翁(Jean-Luc Marion)的话语,也许还有利科(Paul Ricoeur)的话语,都与帕托裘卡的话语处于同一个情境下。但归根结底,这个列表没有明确的边界;可以说,一旦将许多差异考虑进来,某种程度上康德、黑格尔,当然还有基尔克果——我甚至想挑衅性地加上海德格尔——都属于这个传统:它提出了教义的一个非教义性对子(doublet),一个哲学和形而上学的对子;不论如何,它提出了这么一种**思考**:在没有宗教的情况下,"重复"宗教的**可能性**。(我们在别的地方会回到这个棘手的重大问题。①)

---

①参见 Jacques Derrida, «Foi et savoir: les deux sources de la "religion" aux limites de la simple raison», dans *La religion*, Seuil, 1996. ——译注

对于我们之前提到的宗教主题("善"的赠予——"善"作为自我遗忘的"善意",因而作为无限的爱;死亡的赠予;罪;忏悔;牺牲;救赎;等等),这一逻辑和哲学演绎如何进行?通过系谱学的方式,这样一种思考如何就责任的可能性条件问题给出回答?回答**涉及**(passe)事件之**可能性**的逻辑必然性。所**发生**(se passe)的一切[都表明],唯有对责任概念进行分析,才能最终产生基督教:更确切地说,是基督教的可能性。反过来,我们也可以总结说,责任概念完全是基督教的概念,是由基督教事件产生的概念。因为,如果光是对这个概念进行考察,就需要[提到]基督教事件(罪、与死亡经验相关的无限爱的赠予),也仅仅需要基督教事件,这不就表明,历史上只有基督教能让人抵达本真性的责任(**作为历史和欧洲**历史的历史)?在这里,我们已经没必要在逻辑演绎或与事件无关的演绎与启示事件的指涉之间进行抉择,一方涵盖了另一方。犹如一位系谱学历史学家陈述历史的当前状况一般,帕托栔卡不仅仅是作为信徒或作为肯定教义、启示、事件的基督徒而做出以下论述:

> 由于其基础位于灵魂深渊般的纵深,基督教迄今为止仍然是人类所能到达的最强大的、绝对无法超越也无法彻底思考的动力,它让人可以与堕落作斗争。(第108页)

责任在什么条件下是可能的?这个条件就是:"善"不再是客观的超验性,不再是客观事物之间的关系,而是与他者的关系,是对于他者的回应:一种对于人格性善意的经验,一种意向性运动。我们已经看到,这一点以双重断裂为前提:**既**与狂喜般的秘仪断裂,也与柏拉图主义断裂。在什么条件下,善意能超越一切计算？条件就是:善意遗忘自身,运动是赠予的放弃自身的运动,因而是无限爱的运动。为了放弃自身并**成为有限**(devenir fini),为了"道成肉身"(s'incarner)以爱他者,为了爱作为有限性他者的他者,无限的爱就是必须的。这一无限爱的赠予,来自某人并指向某人;责任要求的是无可替代的独特性。但只有死亡,或毋宁说是对死亡的把握/恐惧,才能给予这种无可替代性,因为我们只有以此为基础才能谈论负责任的主体,谈论作为自身良心的灵魂,谈论自我,等等。我们已经从对于无可替代性的经验那里,得出了必死者通往责任的可能性,而这一经验是由切近的死亡、由对于死亡的接近所给予的。但对于由此得出的必死者,同一种责任要求他不仅与客观的善发生关系,也要与无限爱的赠予、与自我遗忘的善意发生关系。因此,在有限而负责任的必死者与无限的赠予的善意之间,就存在着结构上的不均衡或不对称。对于这一不均衡的思考,可以不必为它赋予一种启示的(révélée)原因,也不必将它追溯到原罪事件那里,但它不可避免地将责任经验转化为罪责:我从来没有,也永远不会成为与这种无限善意相称、与赠予之广袤无垠相称的人;这种无边无际的广袤,必然界定(去限定[in-definir])了一般意义上的赠予。如原罪一般,这一罪责是原初性的。在犯下任何特定错误之前,我作为负责任的人,就已经负有罪责了。给予我独特性的死亡和有限性,恰恰使我与赠予的无限善意不相称,而后者也是对于责任的最初呼召。罪责内在于责任,因为责任总是与自身不相称:我们永远都不够负责。我们永远都不够负责,因为我们是有限的,但也是因为责任要求两种相互矛盾的运动:它要求我们作为自己本身,作为无法替代的独特性而对我们的所做、所说、所给进行回应;但它也要求我们作为善人、出于善意而遗忘或抹去我们给予之物的起源。帕托裘卡本人没有这样说,我对他的论述或字面含义所做的发挥有些太过了。但正是帕托裘卡从负责任的个体这一情境中,得出了罪责和罪——以及忏悔、牺牲、寻求拯救:

> 在本来意义上,负责任的人是我自己;这个个体无法等同于它可能承担的任何角色[一个内在的、不可见的自我,归根结底是一个秘密的自我]——在柏拉图那里,这一点通过命运选择的神话而得以表达[所以,它是一个为基督教做准备的、前基督教的神话];这是一个负责任的自我,因为在与死亡的对峙中,在与虚无的关系中[一个比起"列维纳斯"更为"海德格尔"式的主题],它自己承担了每个人只能在自身内部实现、无人可以代替的事情。不过,现在个体被置于与无限爱的关系之中,而人之所以是个体,是因为对于无限的爱而言,人是有罪的,而且**总是**有罪的。[帕托裘卡强调了"总是":像海德格尔那样,他界定了一种原初罪责,无须等人犯下任何特别的过错、罪行或罪;这种包含在责任观念中、包含在原初的 Schuldigsein(有罪存在)中的先验罪责,既可以翻译成"责任",也可以翻译成"罪责"。但海德格尔为了分析原初的 Schuldigsein,不需要提到(至少不需要明确提到)与无限爱的不均衡关系。]我们每个人在罪的一般性中的独特位置,将我们规定为个体。(第107页)

三、给予谁(能够不去知道)

Mysterium tremendum(令人战栗的秘仪)。一个恐怖的秘仪,一个让你战栗的秘密。

战栗。当我们战栗的时候,我们是在干什么?什么东西使你战栗?

秘密总是使人战栗。不仅是颤抖或发抖(虽然有时也会这样),而是战栗。当然,颤抖可以表示害怕、不安、对死亡的恐惧,比如当我们预知即将到来的事情时,事先会颤抖。但颤抖可以是轻微而敏感的,比如当它预示快乐和享乐的时候。它是短暂的瞬间,是被诱惑中断的时间。颤抖并不总是很强烈,它时常很隐蔽,几乎感觉不到,只是伴生的现象。颤抖不是来自事后,而是事前的准备。我们会说,水沸腾前会微微滚动——这就是我所说的诱惑:沸腾之前在表面的沸腾、事前可见的躁动。

而像在地震(*tremblement de terre*[大地的战栗])和我们全身战栗的情形中,战栗——至少作为信号和征候——已经发生了。战栗不再是预示性的,即便令人战栗的事件仍然可以通过扰乱全身、激荡起身体无法抑制的颤动,而发出预告和威胁。暴力会再度爆发,创伤会通过反复而持续存在。恐惧、害怕、焦虑、恐怖、惊吓和不安各不相同,但它们在战栗中都已经开始了,而那触发它们的事情,将持续(或威胁要持续)使我们战栗。大多数时候,对于即将降临到我们身上的事情,我们既不知道,也无法看到它的起源(所以就是秘密)。我们对害怕感到害怕,我们因不安而不安;我们战栗。我们在这个奇特的反复中战栗着,它将不容置疑的过去(已然发生的打击、已然影响着我们的创伤)与无法预期的未来联系起来;未来在被预期的同时,是不可预期的;被**把握**的同时——而这正是为什么它是未来——恰恰被把握**为**无法预见、不可预期;**作为**不可接近之事而被接近。即便我们认为自己知道将要发生什么,新的瞬间、这个到来者的来临(l'arrivant)仍然是白纸一张,仍然无法接近,根本而言无法经历。在始终无法预期之事的反复中,我们会战栗,首先是因为我们不知道打击已经从哪个方向过来了,不知道在哪个方向上打击已经被给予了(好的打击或坏的打击,有时候是好的打击**作为**坏的打击[而被接受]①);我们战栗,是因为不知道这一双重意义上隐秘的打击是否会——是否、如何、何时何地——继续、重新开始、持续、反复;不知道这一打击出于何种理由。因此,我战栗是因为仍然对已经使我害怕之事、对我无法看见也无法预见之事感到害怕。我面对超越我视野和认知的事物而战栗,尽管它触及我的最深处,可以说触及到我的灵魂和骨髓。就其往往会挫败视野和认知而言,战栗确乎是一种秘密或神秘的经验,但另一种秘密、另一种谜(énigme)或另一

---

① "coup"在这里的上下文语境中意思是"打击""震惊",而"un bon coup"一方面有"好主意""做得好"等义,另一方面俗语"être un bon coup"的意思则是"床上功夫好"。另外,"un mauvais coup"亦有"卑鄙的伎俩"之义。——译注

种神秘将为无法经受的(invivable)经验加上封印,为**战栗**(tremor)加上另一层封印、另一层藏匿它的密封(表示"战栗"的拉丁文 tremo 在希腊语和拉丁语中意思都是"我战栗""战栗令我躁动不安";希腊文还有 tromeô,表示"我战栗""我颤抖""我害怕";以及 tromos,表示战栗、害怕、恐惧。正如在 *mysterium tremendum* 一语中,*tremendus*、*tremendum* 等词都是拉丁语 tremo 的动词形容词,表示令人战栗的、可怕的、苦闷的、恐怖的)。

这个增补性的①封印从何而来？我们不知道**我们为何战栗**。认知的局限,不再仅仅涉及令我们战栗的原因或事件,我们不熟悉、无法看到、不知道的事。我们也不知道它为何会产生这种特殊的症状:身体的某种无法抑制的躁动、四肢不听使唤般的不安分、皮肤和肌肉的颤抖。无法抑制之事,为何以这种形式呈现？我们也会因寒冷而战栗,而类似的生理表现也可以传达各种至少表面上看来毫无共通之处的经验和情感;既然如此,恐怖为何要引起战栗？这一症候学和眼泪症候学一样成谜。即使我们知道自己为何哭泣、在什么情境下哭泣、哭泣想表达什么(我为失去亲人而哭泣;孩子因为挨打或失宠而哭泣:他使自己痛苦,自怨自艾,引起或接受他者的怜悯),但这仍然无法解释为何所谓泪腺是从眼睛而不是别的地方(比如嘴巴或耳朵)分泌这些液体。因此,在对于身体的思考上,必须开辟新的道路,不能将各种话语领域(思想话语、哲学话语、生物学—遗传学—精神分析等科学话语、系统发生学和个体发生学话语)割开,这样才有可能接近引起战

---

①关于"增补(supplément)",参见 Jacques Derrida, *De la grammatologie*, Paris: Minuit, 1967. ——译注

栗或哭泣的东西,接近这个**原因**——不是被称作"上帝"或"死亡"的终极原因(上帝是"令人战栗的秘仪"的原因,而给予的死亡总是让人战栗或哭泣),而是最切近的原因:不是直接原因,即偶发事故或状况,而是最切近我们身体的原因,它引起战栗和哭泣,而不是其他。它隐喻或象征着什么?[通过战栗或哭泣,]身**体意味着什么/想说什么**?假设我们可以在此谈论身体的话语或修辞的话。

在"令人战栗的秘仪"中,是什么令我们战栗?是无限爱的赠予,是注视着我的神性目光和我自己之间的不对称关系(我无法看见是什么注视着我);是无可替代性所给予和承受的死亡,是无限的赠予和我的有限性——作为罪责的责任、罪、拯救、忏悔和牺牲①——之间的不均衡关系。如基尔克果《恐惧与战栗》(*Crainte et tremblement*)②的标题所示,"令人战栗的秘仪"至少间接暗含着对于圣保罗的指涉。在《腓立比书》中(2:12),信徒们被要求在恐惧和战栗中为得救而劳作。他们必须为自己的拯救而劳作,同时要知道上帝才是决断者:这一他者(l'Autre)没有任何要给予我们的理由或解释,没有任何要与我们分享的道理。我们恐惧和战栗,因为我们已经在上帝的手掌之中;尽管我们可以自由劳作,但却是在上帝的手掌和注视之中。我们看不见上帝,不知道他的意志,也不知道他做出的决断,不知道他为何意愿这件事而不是那件

---

① "sacrifice"也可以译为"献祭"。为保持术语的统一,译者基本采取"牺牲"进行翻译,在容易引起歧义的场合,则译为"献祭"。——译注

② Soren Kierkegaard, *Crainte et tremblement*, dans *Oeuvres Complètes*, t. V, tr. P. H. Tisseau et E. M. Jacques-Tisseau, Éditions de l'Orante, 1972, p.199.

事——意愿我们的生或死、救赎或毁灭。我们在上帝的无法接近的秘密面前恐惧和战栗;他为我们做出决断,但我们仍然是有责任的,也就是说,我们仍然要自由地决断、劳作、承担我们的生与死。

圣保罗说道——这是之前提到的"adieu"之一:

> 这样看来,我亲爱的弟兄,你们既是常顺服的,不但我在你们那里,就是我如今不在你们那里,更是顺服的(*non ut in praesentia mei tantum, sed multo magis nunc in absentia mea/mē hōs en tē parousia mou monon alla nun pollō mallon en tē apousia mou*),就当恐惧战栗,作成你们得救的工夫(*cum metu et tremore/meta phobou kai tromou*)。①

这是对于恐惧、对于战栗、对于"恐惧和战栗"的第一个解释。保罗要求信徒们在主人不在场(*apousia*)的时候,而不是在场(*parousia*)的时候为得救而劳作:无法看见也无法知晓,听不见律法也听不见律法的根据。由于不知道等待我们的是什么,不知道它从何而来,我们被置于绝对的孤独中。无人与我们说话,也无人替我们说话;我们必须自己承受,每个人都必须自己承受(海德格尔在讨论死亡、我们的死亡时,在讨论总是"我的死亡"、无人能够代替的死亡时,用了 *auf sich nehmen*[自我承担]一语)。但是,在这一战栗的起源处,还有更加重大的事情。如果保罗说出"再见"并销声匿迹,与此同时请求信徒们服从,或者

---

① 译文遵从和合本《新约》;下同。该信是保罗在狱中写给信徒的。——译注

说命令他们服从(因为对于服从,我们无法"请求"而只能"命令"),这是因为在[信徒]必须服从上帝的时刻,上帝本身是缺席的、隐匿而沉默的、分隔的、神秘的。上帝不给予理由,他想做什么就做什么,他不必给予理由或与我们分享任何东西:他的动机(如果有的话)、考虑、甚或决断。否则他就不是上帝,我们接触的就不是作为上帝的他者(l'Autre),或作为**全然他异性**(*tout autre*)的上帝。如果他者向我们解释并分享他的理由,如果他一直毫无秘密地与我们说话,他就不是他者,我们就处在同质性的原则中:处在同源之中,甚至处在独白之中。话语也是这种同一性(même)环境之一。我们不与上帝说话,也不向上帝说话,我们不像与人说话或对同胞说话那样,与上帝说话或向上帝说话。事实上,保罗继续说道:

> 因为你们立志行事都是神在你们心里运行,为要成就他的美意。(《腓立比书》2:13)①

当我们思考一种仍然属于犹太教的经验时,我们可以理解为什么

---

①我有时候会为引文附上希腊文或拉丁文,基本上遵从 Grosjean 和 Léturmy 的译文。被译为"son bon plaisir"(他的美意)的原文,指的不是上帝的愉悦,而是他不需要和任何人讨论的主权意志,正如君主凭喜好行事而不必透露其秘密理由,不必为此做出解释或说明。原文说的不是上帝的愉悦,而是其意志:*pro bona voluntate* 或 *hyper tēs eudokias*。*Eudokias* 意为"良好意志",不仅是指善意(希望别人幸福[vouloir le bien]),更是为了愉悦(如翻译所示)而判断某事为"好"的单纯意志,因为这就是上帝的意志,这就足够了。*Eudokeō*:"我判断为好的""我答应",有时候指"我喜欢"或"我同意"。

基尔克果将保罗这位伟大的改宗犹太人的话语作为其著作的标题。[在这种经验中,]上帝是秘密、隐匿、分隔、缺席或神秘的,他在不揭示理由的情况下,决定要亚伯拉罕做出最残忍、不可能、难以容忍的行为:在献祭中献出他的儿子以撒。这一切都在秘密中进行。上帝对他的理由保持沉默,亚伯拉罕也保持沉默。这本书的署名也不是基尔克果,而是"沉默的约翰尼斯(Johannes de Silentio)"(基尔克果在页边写道:"只在诗人的作品中出现的诗歌人物"①)。

这个化名保守着沉默,它表达了自己保守的沉默。与所有化名一样,它要保密的似乎是**作为父之名**(patronyme)的真名,也就是作品之父的名字,或毋宁说是作品的父亲的父亲的名字。在基尔克果使用的诸多化名中,这个化名提醒我们注意一件显然的事情:将秘密问题与责任问题关联起来的思考,直接涉及名字和署名。人们经常认为,责任体现为**以自己的名义**行事和署名。对于责任问题进行负责任的反思,会首先关注在化名、转喻、同音异义的情况下,名字发生了什么[变化],什么能构成**一个真的名字**。有时候,我们更有效、更本真地用秘密的名字,而不是用正式合法的公共的父方名字,说出或意愿[自己真的名字],我们以这个名字**称呼自己**,将它**给予自己**或表现出给予自己的样子;化名**更有命名力量**,**也更常被人称呼**(nommant et nommé)。

《恐惧与战栗》中的战栗,是([至少]看上去是)牺牲的经验本身。但不是在希伯来文 korban 的意义上——这个词的意思更多是"接近",却被误译成"牺牲";而是在下述意义上:牺牲的前提

---

① Sören Kierkegaards, *Papirer*, IV. B. 79, Copenhague, 1908—1948.

是处死独一者(l'unique)——它是独一的、无可替代的、最为贵重的存在。所以,问题涉及不可能的替代、无可替代性,也涉及动物对人的替代①——尤其是,通过这一不可能的替代本身,涉及神圣与牺牲、牺牲与秘密的关联。

沉默的基尔克果(Kierkegaard-de Silentio)提到,当以撒询问亚伯拉罕用作牺牲的羊在哪里,亚伯拉罕的回答非常奇特。他说上帝会准备的。上帝将为燔祭(holocauste)准备一只羊羔。② 因此,亚伯拉罕在保守秘密的同时,回答了以撒。他没有保持沉默,也没有说谎。他没有说假话。在《恐惧与战栗》(问题三)中,基尔克果思考了这一双重秘密:上帝与亚伯拉罕之间的秘密、亚伯拉罕与其家庭之间的秘密。亚伯拉罕没有提及上帝命令他(而且只有他)去做的事,他没有对[妻子]撒拉、[仆人]以利以谢和以撒提到这件事。这是他必须保守的秘密(这是他的义务),但也是他**不得不保守/保持的秘密**——双重意义上的必定:因为归根结底,他**只能**保守秘密;他并不知晓这个秘密,他知道秘密的存在,但不知晓其根本意义和理由。亚伯拉罕坚守秘密,因为他身处秘密之中。

像这样不说话,亚伯拉罕逾越了伦理的边界。因为根据基尔

---

① 德里达在另一个文本中,从被献祭的羊的角度阐述亚伯拉罕献祭以撒的故事:"我们可以想象亚伯拉罕的羊和亚伦的羊的愤怒,可以想象所有替罪羊、所有替代者的暴力反抗。为什么是我?"参见 Derrida, *Sovereignties in Question: The Poetics of Paul Celan*, ed. Thomas Dutoit and Outi Pasanen, New York: Fordham University Press, 2005, p. 157.——译注

② Genèse 22:8.

克果,伦理的最高表达就是我们与亲属和同胞(可以是家庭,也可以是朋友、民族等具体的共同体)的联系。通过保守秘密,亚伯拉罕背叛了伦理。① 的确,他的沉默,或至少他没有透露[上帝]让他献祭以撒这一秘密,并不是为了保护以撒。

当然,在某种意义上,亚伯拉罕说过话;他说了很多。但即便他说了一切,如果他对那唯一一件事保持沉默,就可以认为他什么也没说。这一沉默渗透了他的全部话语。因此,他既说了话,又没有说话;他以不回答的方式回答。他回答了,又没有回答。他答非所问。他说话,是为了对他必须保密的关键事情闭口不谈。为了什么都不说而说话,总是保密的最好手段。不过,在回答以撒的时候,亚伯拉罕并不只是为了什么都不说而说话。他所说的并非无关紧要,也并非虚假。他所说的不是非真实(non-vérité),而且他所说的将会是真的——虽然**他对此尚不知晓**。

亚伯拉罕没有谈及本质性的事情,即上帝和他之间的秘密,因而他没有说话;就此而言,亚伯拉罕承担了一种责任,这种责任体现为:在决断的时刻,总是独自一人固守在自己的独特性中。正如没人可以替我而死,也没人可以替我做出决断(或被称作决断之事)。不过,一旦我们说话,一旦我们进入语言领域,我们就失去了这一独特性,因而失去了决断的可能性和权利。根本上,

---

① "所以,亚伯拉罕没有说话。他没有对撒拉说,没有对以利以谢说,也没有对以撒说。他越过了这三个伦理权威,因为对他而言,伦理并无高于家庭生活的表现。"参见《恐惧与战栗》,刘继译,陈维正校,贵阳:贵州人民出版社,1994,第84页。——译注

每一个决断都应该始终是孤独、秘密、沉默的。基尔克果写道,说话令我们感到安慰,因为它[将我们]"转移/翻译(traduit)"为一般性。①

这是语言的第一效果或第一使命:剥夺我的独特性,或毋宁说将我从独特性中解放出来。我绝对的独特性在言说中被悬置起来,我同时也就放弃了我的自由和责任。一旦我说话,我就不再是、绝不是我那孤独而独特的自己了。这是一个奇特、吊诡而可怕的契约,它将无限责任与沉默和秘密联系在一起。它有悖于我们通常的想法,也有悖于最为哲学的思考方式。对于常识或哲学思考而言,最为广泛共享的自明之理是,责任与公开、与非秘密联系在一起,与下述可能性甚或必然性联系在一起:我们要在众人面前坦陈自己的言行,将它们正当化。与此相反,在这里,我的行为的绝对责任——由于它始终是我自己的、完全独特的、没人可以代替的责任——似乎必然意味着神秘;不仅如此,[这种责任也意味着,]由于不向他者说话,我既不对我的行为做出解释,也不做出任何回应,我不对他者或在他者面前做出任何回应。这既是耻辱(scandale),也是悖论。根据基尔克果的理论,**伦理的**诉求遵从一般性;所以,它界定的责任就体现为言说,也就是将自己带入一般性原则中,以此为自己辩护、说明自己的决断、为自己的行为担保。但亚伯拉罕在接近牺牲的过程中,教给了我们什么?伦理的一般性,非但无法保证责任,反而引起了不负责任。它迫使我说话、回应、解释,因而迫使我将我的独特性消解在概念原则之中。

---

① Soren Kierkegaard, *Crainte et tremblement*, *op cit.*, p.199.

这就是责任的绝境(apories)①:在**形成**责任概念时,我们总是有无法到达它的危险。因为责任(我们已经不敢说"责任的普遍概念"了)一方面要求对于一般的事情、面对一般性做出说明,进行一般意义上的自我担保,因而也就是要求"可替代性";同时,另一方面,责任也要求独一性、绝对的独特性,因而也就是要求"无可替代性"、不可重复性、沉默和秘密。这里关于责任所说的,也适用于决断。和言说一样,伦理将我置于替代之中。由此产生了异乎寻常的悖论:基尔克果宣称,对亚伯拉罕而言,**伦理是诱惑**。所以,他必须抵抗它。他保持沉默以躲避道德的诱惑:它以诉诸责任和自我证成为借口,让亚伯拉罕失去他的独特性,失去终极的责任,失去他在上帝面前那无法论证的、秘密的绝对责任。"无责任化"的伦理,构成了**一般**责任和**绝对**责任之间无法解决的、因而是悖论性的矛盾。绝对责任不是责任;无论如何,它不是一般的或一般意义上的责任。在绝对而特别的意义上,绝对责任必定是例外而异乎寻常的:仿佛绝对责任不再属于责任**概念**,因而始终是无法设想、无法思考的。唯其如此,它才是绝对责任。因此,为了绝对地负责任,就必须不负责任。"亚伯拉罕**不能**说,因为他不能说出那会使一切尽皆释然的东西……这是一场考验,而且请

---

①"aporia"源于希腊语,在德里达的使用中,它指的是一种无法把握的情境,一种不可经验的经验,它既不是知识话语的对象,也无法在概念上得到确定;但是,它打破和悬置了理性思考、计算、规划、预期,将给定的、貌似稳定而有效的法则、规律、体制(政治的、社会的、经济的、审美的,等等)都重新开放给"决断"的可能性。亦参见 Jacques Derrida, *Apories*,前揭。在那里,德里达围绕海德格尔对于"死亡"的阐述(死亡作为"不可能性的可能性")讨论了"aporia"。——译注

记住,伦理是诱惑。"①

因此,伦理最终会让我们变得不负责任(irresponsibiliser)。它是我们有时必须以责任名义拒绝的一种诱惑、倾向或便利性。这种责任不进行计算,不对人、人类、家庭、社会、同胞或亲属做出说明。这种责任保守着它的秘密,无法也无须自我呈现。这种责任顽强而谨慎地拒绝在暴力面前自我呈现:[所谓暴力,包括]要求解释和证成,要求在属人的法律面前出庭。这种责任拒绝那总是自我证成、自我正当化(égodicée)的自传。亚伯拉罕确实**出场**(*se présente*)了,但那是在上帝面前,在这个唯一的、嫉妒的、秘密的神面前——他对上帝说:"我在这里。"而为此,他必须抛弃对于亲属的忠诚(相当于背信弃义),并拒绝在众人面前出场。亚伯拉罕不再同人们说话。至少这是以撒的献祭让人想到的(在阿伽门农等悲剧英雄那里,情况就不一样了②)。

归根结底,无论对于伦理还是对于哲学,或是对于一般而言的辩证法(从柏拉图到黑格尔),秘密都是无法忍受的:

---

① *Id.*, *ibid.*, p.201. [中译本第86页,略有改动。——译注]
② 阿伽门农(Agamemnon)是欧里庇得斯的悲剧《奥里斯的伊菲格纳亚》中的英雄。阿伽门农的船在特洛伊战争时期被女神阿尔忒弥斯(Artemis)困住,不得已向女神献祭自己的长女伊菲格纳亚(Iphigenia)。妻子泰涅斯特拉(Clytaemnestra)悲痛欲绝,伊菲格纳亚则决意赴死。刀刃砍下的瞬间,伊菲格纳亚消失,祭坛上出现了一只浑身是血的小鹿。德里达后面会提到,基尔克果在《恐惧与战栗》中比较了阿伽门农和亚伯拉罕:前者能够与妻子和女儿一起哀叹不幸,因而也就不知道"孤独而可怕的责任";后者则知道无论说什么都无法得到理解,所以保持沉默,并为此百般苦恼。——译注

> 伦理本身是普遍性的；作为普遍性，它就是敞开的。具有直接的感觉和心灵的独特个体，则是隐秘的。因此，他的伦理使命就是走出隐秘状态，在普遍性中敞开自己。每当他希望停留在隐秘之中，他都会闯入和卷进精神上的考验之中，在那时他唯有开敞自己才能使自己摆脱出来。
>
> 我们再一次来到同一地点。假如并无秘密隐藏在如下事实之中，即作为独特个体的个人高于普遍性，那么，亚伯拉罕的行为就不可辩护，因为他不在乎那些居间调停的伦理范畴。但假如这里确有一种秘密隐藏于其中，那么，我们就面对一个无法调解的悖论。[……]黑格尔哲学不承认内在而隐秘的东西，不承认有法律依据的不可通约性。因而它始终要求开敞，可当它将亚伯拉罕看作信仰之父并谈论信仰的时候，它就多少有些让人摸不到边际，甚至头昏目眩。①

黑格尔哲学以绝对自洽的模范形式，代表了不可辩驳的要求：要求公开、现象化、揭示。因此，人们认为它代表了对于真理的探求，以最强烈的形式激活了哲学和伦理。对于哲学、伦理或政治而言，不存在终极秘密。公开优先于隐秘；普遍的一般性优越于个体的独特性。不存在无法化约的、法律上正当（"有法律依

---

① Soren Kierkegaard, *Problema III*, dans *Crainte et tremblement*, op. cit., p. 171. [中译本第 57 页，略有改动。——译注]

据")的秘密——因而在哲学和伦理之外，还得加上法律机关（l'instance du droit）。不存在完全正当的秘密。但信仰的悖论在于，内在性始终"与外在性不可通约"。① 没有一种公开显现能将内在性外在化，或呈露隐秘之物。信仰骑士无法与任何人交流，也不被任何人理解；他无法帮助他者。② 他对上帝所负的绝对义务，不具有被称作"义务"的那种一般形式。如果我**仅仅出于义务**而服从对于上帝的义务（这是我的绝对义务），我就没有与上帝发生联系。为了履行我对上帝自身的义务，我就不能**出于义务**而这么做——[因为]所谓"义务"总是一种可以中介、可以交流的一般性形式。在信仰中，绝对义务使我与上帝自身产生联系，它必定超越并反对一切义务："义务之成为义务在于对上帝的回溯，但在义务自身之中我却无法进入与上帝的关系。"③康德解释说，道德行为是"出于义务"，而不仅是"合乎义务"的行为。④ 在法律的可普遍化意义上，基尔克果认为"出于义务"的行为违背了绝对义

---

① Soren Kierkegaard, *Problema II*, dans *Crainte et tremblement*, *op cit.*, p. 160. [中译本第 45 页。——译注]

② *Id.*, *ibid.*, p. 162. [中译本第 47 页。——译注]

③ *Id.*, *ibid.*, p. 159. [中译本第 44 页。——译注]

④ 康德在《实践理性批判》《道德形而上学的基础》等著作中，区分了"合乎义务"（pflichtmässig）的行为与"出于纯粹义务"（aus reiner Pflicht）的行为，认为只有后者才具有真正的道德价值。不过康德也指出，即便追溯到隐藏的动机，我们凭经验也无法知晓他人的道德行为"背后"是否有着利己的考虑。德里达认为，这种无法消除、无法完全知晓的"秘密"或其可疑的存在，使得"合乎义务"的行为和"出于纯粹义务"的行为之间的区别变得模糊，使两者相互污染。——译注

务。正因如此,绝对义务(面对上帝、在信仰的独特性之中的义务)包含一种赠予或牺牲,它迈向一种超越债务和义务、超越作为债务之义务的信仰。这个维度宣告了"给予死亡"。在人类责任的彼岸,在普遍的义务概念的彼岸,"给予死亡"对绝对义务做出回应。

随着人的一般性秩序而来的,是一种憎恨的义务。基尔克果引用了《路加福音》(14:26)中的话:"人到我这里来,若不憎恨他的父母、妻子、儿女、兄弟、姐妹和自己的性命,就不能做我的门徒。"基尔克果承认"这些话很可怕"①,但仍然坚持其必然性。他磨利了它们的锋芒,丝毫没有削弱其吓人而吊诡的性质。但是,亚伯拉罕对于伦理的憎恨,因而也是对亲属的憎恨(家庭、朋友、邻人、民族,极端而言是全人类,人类这个种或属),必定仍然是一种绝对的痛苦。如果我将我恨的人处死,这不是献祭。我必须献祭我爱的。在给予死亡/处死的时刻,在同一瞬间,我必须憎恨我爱的。我必须憎恨、背叛亲属,即通过献祭而给予他们死亡——不是因为我恨他们(那就太简单了),而是因为我爱他们。因为我爱他们,我必须恨他们。如果[仅仅]憎恨可恨者(那太简单了),憎恨就不是憎恨。憎恨必须憎恨、背叛最钟爱者。憎恨不能是憎恨,而只能是把爱献祭给爱。对于我们不爱的事物,我们不会憎恨,不会背信弃义,不会给予死亡。

这个异教的、吊诡的信仰骑士,是犹太教徒、基督徒还是犹太—基督—穆斯林信徒?以撒的献祭属于共同财富(我们斗胆这么称呼),属于三个所谓"圣典宗教"(亚伯拉罕式的民族的宗教)

---

① *Id*., *ibid*., p.162. [中译本第49页,略有改动。——译注]

所特有的"令人战栗的秘仪"的可怕秘密。异乎寻常的要求与严格性,迫使信仰骑士说出、做出那些看起来(甚至**必定**是)残忍的事。这必然会激怒那些遵守一般意义上的道德的人,激怒那些遵守犹太—基督—伊斯兰道德或一般意义上的宗教之爱的人。但如帕托裘卡所说,基督教也许尚未思考自身的本质,也尚未思考犹太教、基督教和伊斯兰教从中诞生的那些不容置疑的事件。我们无法忽略或抹去《创世记》中以撒的献祭,也无法忽略或抹去《路加福音》中的那些话。这是必须加以考察的问题,也正是基尔克果所提出的。亚伯拉罕在沉默中憎恨至亲之人,以同意将其处死(lui donner la mort)的方式,憎恨他唯一的爱子。他憎恨他们,当然不是出于恨,而是出于爱。尽管如此,他对他们的恨并没有丝毫减少;亚伯拉罕必定是绝对地爱他的儿子,才竟至于将他处死,做出伦理上被称为憎恨和谋杀的事情。

我们如何憎恨自己的亲人?基尔克果反对爱与恨的通常区分,他觉得这个区分既自我中心又毫无兴味。他将[爱和恨]重新阐释为悖论。如果亚伯拉罕对于儿子的爱不是绝对、独特、无法通约的,那么上帝不会要求他给予以撒死亡——也就是说,作为向上帝自身献祭的祭品而给予这一死亡:

> 因为,正是他对以撒的爱,在与对上帝的爱形成悖论性对照下,使他的行为变成献祭。但是,此悖论中的苦恼和不安是,从人的角度讲,他完全无法使人理解。仅当他的行为与他的感情形成了绝对的矛盾**那一瞬间**,他才献祭了以撒。但这一行为的现实,却让他归属于普遍性;而在普遍性的领域中,他是一名谋杀犯,也始终是

一名谋杀犯。①

我强调了"瞬间"一词。基尔克果在别处写道:"决断的瞬间是一种疯狂。"②这一悖论无法在时间中、通过中介而理解,也就是说,无法在语言中、通过理性而理解。正如赠予和"给予死亡",这一悖论无法还原到在场(présence)或呈现(présentation),它决不构成当下/礼物(présent);它要求的是一种瞬间的时间性。它属于一种非时间的时间性,一段无法把握的时间:无法固定、确立、领会、**捕捉**(prendre),同时也无法**理解**(comprendre)。认知、常识和理性都无法把握(begreifen)、认识、设想、理解、中介它,因而也无法否

---

①*Id.*, *ibid.*, p.164. [中译本第 50 页,略有改动。——译注]

②参见 Soren Kierkegaard, *Philosophical Fragments*, ed. and trans. Howard V. Hong and Edna H. Hong (Princeton, New Jersey: Princeton University Press), p.52. 值得注意的是,这里的"疯狂"(folie)对应的是丹麦语"*Daarskab*",在上述英译本中被翻译为"愚蠢"(foolishness)。基尔克果的上下文是:"决断的瞬间是一种疯狂/愚蠢,因为如果要做出决断,那么学习者就成为非真实(untruth),但正因如此,决断的瞬间需要一个新的开始。"关于"决断"和"疯狂"的关系,参见德里达在《书写与差异》中讨论福柯时的论述(Jacques Derrida, *L'écriture et la différence*, Seuil, 1967, p.62):"决断凭借单一的行为,既联系又分隔了理性与疯狂。我们必须同时将决断理解为某种秩序、法令、裁决的起源行为,和一种分裂、裂隙、分隔、切割。我想用'意见冲突'(dissension)一词,强调这里探讨的是一种自我分裂的行为,一种内在于一般意义、内在于一般意义上的'逻各斯'的分裂和痛苦,内在于'sentire'行为中的分裂。"——译注

定或否认它,无法将它带入否定性的运作中,无法使它劳作①:通过**给予死亡**的行为,牺牲中断了否定性的运作,中断了一切劳作,甚至可能中断了哀悼工作②。悲剧英雄可以实现哀悼;但亚伯拉罕既不是哀悼之人,也不是悲剧英雄。

为了在绝对义务面前承担绝对责任,为了实践(mettre en oeuvre)——或考验——他对于上帝的信仰,亚伯拉罕在现实中必须始终是一个可憎的谋杀犯,因为他同意给予死亡。当然,在一般和抽象的意义上,义务、责任和职责的绝对性要求我们逾越伦理义务;但在背叛伦理义务的同时,我们仍然从属于它,并承认了它。我们必须在**瞬间本身之中**经受矛盾和悖论。这两种义务必定相互矛盾,一方必定要让另一方臣服(将它内在化、压抑)。亚伯拉罕必须承担绝对责任,通过牺牲伦理而牺牲他的儿子;但为了牺牲能够成立,伦理必须保持其全部价值:他对儿子的爱必须始终如一,人类义务的秩序必须继续让这些权利有效。

献祭以撒的故事,可以解读为这么一种叙事:它展开了绝对义务或绝对责任的概念中包含的悖论。这一概念将我们与绝对的他者联系起来(没有联系的联系、处于双重秘密中的联系),与他者的绝对独特性联系起来;在此,"上帝"就是他者的名字。无

---

① 参见德里达在《书写与差异》(前揭)中对于 Georges Bataille 的讨论。——译注

② 关于哀悼作为"工作"或"劳作"(travail)的讨论,参见 Sigmend Freud, "Mourning and Melancholia", in *The Penguin Freud Reader*, ed. Adam Phillips, Penguin Books, 2006, pp. 310-326.——译注

论是否相信这个圣经故事,无论认为它足不足信,无论怀疑它还是改写它,我们都可以说,这个故事有一个寓意(moralité),哪怕我们把它当作一则寓言(但把它当作寓言仍旧是将它抛却在哲学或诗的一般性中;这就消解了它作为历史事件的性质)。这则寓言的寓意就是道德(moralité)本身,因为它探讨的正是"给予死亡"的赠予。义务和责任的绝对性,假定我们同时废除、反驳、超越一切义务、一切责任、一切属人的法律。它要求背叛一切显现于普遍一般性的秩序中的事物,一切在一般意义上自我显现的事物,背叛显现的秩序和显现的本质,也就是背叛"本质"本身,背叛一般意义上的"本质",因为本质与显现和在场密不可分。绝对义务要求我们以不负责任(背信弃义)的方式行事,同时又承认、确认、再次肯定那被我们牺牲的人类责任与伦理的秩序。简言之,必须以义务的名义牺牲伦理。这种义务,出于义务而不尊重伦理义务。我们必须遵从伦理和责任行事,也必须以非伦理、无责任的方式行事;而且,这是**以义务之名**,以一种无限义务、绝对义务之**名**。在此,这个必定永远独特的名字不是别的,而正是作为全然他异性(tout autre)的上帝——上帝那个不是名字的名字,那个无法发音的名字;作为他者的上帝,将我约束在一种绝对的、无条件的职责中,约束在一种无可比拟、无法让渡的义务中。作为绝对他者的他者,上帝必定始终是超验、隐匿、秘密的,他嫉妒自己所给予并要求保密的爱、要求和命令。在这里,对于行使作为献祭性责任的绝对责任,秘密至关重要。

在此,关于道德的寓意,我们想强调的是经常被说教的道德家和好心肠的人们忘记的事情。他们每天早上、每个礼拜都会在报刊、电台、电视上自信满满地讲一些关于伦理责任或政治责任的大道理。人们常说,哲学家不写伦理著作就没尽到义务,而哲学家的首要义务就是思考伦理,为自己写的每部著作都加一章讨论伦理(最常见的方式就是回到康德)。这些好心肠骑士们不能理解,"以撒的献祭"恰恰阐明了(如果面对如此晦暗的神秘,我们仍能用"阐明"一词的话)责任的最日常、最普通的经验。确实,这则故事骇人听闻、前所未有、难以想象:一个父亲打算处死自己的爱子,处死那个无可替代的爱子,而这是因为那个他者、那个他者要求或命令他这么做,又丝毫不告诉他理由;一个弑子的父亲,向他的儿子和亲属隐瞒他要做出的行为,又不知道为什么要这样做——对于爱、人类、家庭、道德,这是何等骇人的罪行,何等令人战栗(*tremendum*)的神秘!

然而,这不也是最平常的事情吗?难道不是稍微考察一下责任概念,就必定会确证的事情吗?义务或责任将我与他者联系起来,与他异的他者联系起来,在我绝对的独特性中将我与他异的他者联系起来。就绝对他者的他异性和独一性而言,上帝就是他者的名字(亚伯拉罕的上帝:单一而独特)。一旦我与绝对他者产生联系,在职责和义务层面,我的独特性就与他的独特性产生联系。我在他异的他者面前负有责任,我对他做出回应、在他面前做出回应。当然,我在自己的独特性中与他者的绝对独特性产生的联系,立刻将我抛入绝对牺牲的空间或险境之中。另外还有其他的他者,无数的他者,他者的无数的一般性:我对他们必须负有同样的责任,负有一般而普遍的责任(基尔克果称之为"伦理秩序")。如果我要回应呼唤、要求、职责,甚至如果我要回应他者的爱,我就只能牺牲另一个他者,牺牲其他的他者。*Tout autre est tout autre*(**任何他者都是全然他异的**)①。他异性和独特性的单纯概念,构成了义务和责任的概念。它们先验地将责任、决断和义务概念置于悖论、耻辱、绝境之中。悖论、耻辱或绝境本身不是别的,而正是牺牲:将概念思考向它的极限敞开,向它的死亡和有限性敞开。一旦我与他者产生联系,与他者的注视、要求、爱、命令、呼唤产生联系,我就知道我只能以牺牲伦理的方式做出回应,而[伦理]同样责令我做出回应,责令我以相同的方式,在同一个瞬间,回应所有的他者。我给予死亡、背信弃义;为此我不必跑到摩利亚山顶,把刀架在儿子的脖子上。每一天,每个瞬间,在世界上所有的摩利亚山上,我都在这么做。我将刀刃指向我爱的、我必须爱的人,指向他者,指向我必须在无可通约的意义上对其绝对忠诚的[每一个]他和她。亚伯拉罕忠于上帝,就只能背信弃义,背叛亲人,背叛每一个亲人的独特性——最典型的就是他挚爱的独子。而如果他宁愿忠于亲人或儿子,他就要背叛绝对他者,也就是背叛上帝。

我们不必寻找例子;在我们走过的每一步,例子都太多太多了。我此时此地倾向于做的事情——[哪怕]不过是在它上面花费时间和精力;我选择我的工作,选择我作为公民的活动或作为

---

①"tout"用作形容词时,表示"所有的""每一个""任何的"等;用作副词时,表示"完全""极其"等。所以,当"tout"作为形容词修饰"autre","tout autre"意为"所有他者/任何他者";当"tout"作为副词修饰"autre","tout autre"意为"全然不同/他异的"。整句话可以翻译为:"任何他者/全然他异的,是全然他异的/所有他者";也可以同义反复地翻译为:"全然的他者是全然的他者"。亦见德里达在第四节中进行的分析。——译注

哲学教师、哲学职业的活动,在这里用一门公共的语言(碰巧是法语)发言和写作;通过这些事,我也许履行了我的义务。但在每个瞬间,我都牺牲和背叛了我所有其他的职责:我对于其他认识或不认识的他者的职责,他们是我千千万万个"同类"(更不必说比我的同类更是他者的各种动物),他们正死于饥荒或疾病。对于其他公民,对于那些不用我的语言说话、我也不会向他们说话或回应的人,对于每个倾听或阅读的人,对于我未能以恰当方式、也就是以独特的方式做出回应或发言的人(这是为了所谓公共空间,为此我牺牲所谓私人空间);同样,对于我私下爱着的人,我的亲人、家庭、儿子(每个儿子都是我献祭给他者的独子,每个人都在这个我们每天、每时每刻居住的摩利亚大地上,被献祭给其他人)——[对于所有这些他者,每时每刻]我都背叛着自己对他们的职责和忠诚。

　　这不仅是一种文饰或修辞效果。根据《历代记下》(2:3、2:8),亚伯拉罕或以撒的献祭场所(这是两个人的献祭,通过给予**自己**死亡而"给予他者死亡",自我经受折磨以便在献祭中将这一死亡献给上帝),这一"给予死亡"的场所,是所罗门决定建造耶路撒冷的上帝圣所的地点,也是上帝向所罗门之父大卫显身的地点。但这里也是耶路撒冷大清真寺的所在之地,这处靠近阿克萨清真寺的地点被称为"圆石(Dôme du Rocher)",据说易卜拉欣(Ibrahim)①的献祭就发生在那里,而且穆罕默德死后据说也是在那里骑马走向天堂:就在耶路撒冷颓败的神殿和哭墙上方,离十

---

　　① "亚伯拉罕"(Abraham)的阿拉伯语称呼,他被认为是伊斯兰教的始祖。——译注

字架之路不远。所以,这是一处圣地,也是一处充满争议(彻底而激烈的争议)之地,所有一神教、所有信奉独一而超验的上帝的宗教、所有绝对他者的宗教,都在这里交战。这三种一神教相互搏斗,根本无法用某种恬静的宗教融合主义对此予以否定。它们之间血与火的战争延续至今,于今尤烈,每一方都要求自己处置这片地方,声称自己对弥赛亚主义、对以撒的献祭有着起源性的历史阐释和政治阐释。对于以撒献祭的读解、阐释和传统,本身成为充满鲜血和燔祭的祭坛。以撒的献祭每天都在继续。不计其数的处死兵器,掀起了一场没有前线的战争。责任与无责任之间没有前线,[在这里,]前线只存在于同一牺牲的不同攫取方式之间,只存在于不同的责任秩序、不同的他异性秩序之间:宗教和伦理、宗教和伦理政治、神学和政治、神学政治、神权和伦理政治,等等;秘密与公开、世俗与神圣、独特性与一般性、人与非人。牺牲的战争不仅发生在圣典宗教之间,不仅发生在亚伯拉罕式的民族之间(它们明确提到了以撒、易司马仪①、亚伯拉罕或易卜拉欣的献祭),而且发生在它们和世界上其他挨饿者之间——他们占了世界人口的大半,甚至是生物的大半(更不用说其他已死或无生命的、已死或未出生的他者);他们不属于亚伯拉罕或易卜拉欣的民族,对于所有这些他者,亚伯拉罕或易卜拉欣的名字从来没有任何意义,因为这两个名字不回应、也不对应任何东西。

为了回应一方(或[唯]一者),也即他者,我只能将[另一个]他者牺牲给他。为了对于一方(也即他者)承担责任,我只能放弃

---

① Ishmaël 是伊斯兰教中易卜拉欣的儿子。——译注

对于所有其他他者、对于伦理或政治的一般性的责任。而且,我永远无法将这一牺牲合理化,我必须对此始终保持沉默。无论我是否愿意,我都永远无法解释自己偏爱一方(一个他者)胜过另一方,或将一方(一个他者)牺牲给另一方。我将始终陷于秘密中,为这件事保密,因为对此我无话可说。我与独特性的联系——与这个或那个独特性,而不是别的独特性发生联系——终究是无法论证的(这是亚伯拉罕超越伦理的献祭),就像我每时每刻进行的无限牺牲一样无法论证。这些独特性是他者的独特性,是一种全然不同的"他异性":不仅仅是一个他人或其他人,而且包括各种位置、动物、语言。你如何论证自己为了家里那只养了多年的猫,牺牲世上所有的猫(而每时每刻都有别的猫死于饥饿)?更何况其他人类?你如何论证自己出现在这里、说着法语,而不是在别处、用另一种语言向其他人说话?但是,正是通过如此行事,我们履行着自己的义务。没有一种语言、理性、一般性或中介可以论证这种根本责任,它将我们带向绝对的牺牲。绝对牺牲不是在责任的祭坛上牺牲无责任,而是将最紧迫的义务(它与一般意义上作为独特性的他者相关联)牺牲给另一个绝对紧迫的、将我们与"全然他异性"关联起来的义务。

上帝决定中断献祭过程。上帝向亚伯拉罕发话,而他刚说完"我在这里"①。"我在这里":对于他者的呼唤,这句话是唯一可能

---

① "Me voici"是回应上帝或上帝的使徒时说的话。列维纳斯以这句话为线索,将自我同一性规定为"人质",并将它和责任问题联系起来:"'我'的意思是,我在这里(me voici)对所有事件、所有人负有责任。"参见 Emmanuel Lévinas, *Autrement qu'être ou au-delà de l'essence*, Le Livre de Poche, 2004. ——译注

的第一回应,是责任的起源性瞬间,因为它将我敞露给那个呼唤着我的独特他者。"我在这里"作为自我呈现(auto-présentation),是所有责任的前提:我准备做出回应,我回应说自己准备做出回应。正当亚伯拉罕说"我在这里",并拿起刀子向儿子戳去时,上帝对他说:"你不可在这童子身上下手,一点不可害他。现在我知道你是敬畏神的了,因为你没有将你的儿子、就是你独生的儿子,留下不给我。"(《创世记》22:12)这个可怕的宣告似乎显示,上帝面对已经施行的恐怖感到满足(我看到你"敬畏神",你在我面前战栗)。这个宣告让人恐惧与战栗,因为它提到的唯一理由是:我看到你在我面前战栗;很好,那就放了你吧,免去你的义务。但还可以用另一种方式翻译和论证这一宣告:我看到你已经理解什么是绝对义务了,也就是回应绝对他者,回应他的呼唤、要求或命令。在此,上述两种解释殊途同归:通过命令亚伯拉罕牺牲他的儿子,处死儿子以将这一死亡给予上帝,通过双重意义上的给予——在这里,"给予死亡"表现为举刀处死某人,也表现为将死亡/死去的儿子(la mort)作为献祭而交出——上帝允许他有拒绝的自由:这是一个考验。这个命令仿佛上帝的祈求,它要求的是一次爱的告白,它恳求道:告诉我你爱我,告诉我你已经面向我——独一无二的我,独特的他者;告诉我你无条件地面向我,先于一切、高于一切;而且为此你要给予死亡,你要给予你的独子死亡,再将这个我所要求的死亡给我,这是我在对你的要求中给予你的死亡。简言之,上帝对亚伯拉罕说的是:**在那一瞬间**,我看到你已经理解什么是对于独一性的绝对义务,你已经理解这种绝对义务意味着:在没有原因可问,也没有理由要说的情况下,你也必须做出回应。我看到你不仅思想上理解了它,而且(这正是责任所在)也如此行事，将它付诸实行，你已经准备**在那同一瞬间做出行动**（上帝**在一瞬间阻止了亚伯拉罕**，**这里不再有时间，时间不再被给予**，仿佛亚伯拉罕**已经杀了以撒**："瞬间"的概念总是不可或缺）：由此，你**已经实践了它**，你就是绝对责任[本身]，你已经有勇气做出会被世人、被你的亲人、被一般的或同类的一般性视为谋杀的举动。你甚至已经放弃了希望。

于是，亚伯拉罕既是最道德的人，也是最不道德的人；既是最负责任的人，也是最不负责任的人。他绝对地不负责任，因为他绝对地负责任；他在众人和亲人面前，在伦理面前绝对地不负责任，因为他绝对地回应了绝对义务——无关利害且对回报不抱希望，不知晓理由，置身于秘密之中：对上帝、在上帝面前做出回应。对于众人，他不承认任何债务或义务，因为他处于与上帝的关系中——这是一种没有关系的关系，因为上帝是绝对超验、隐匿、秘密的，不会给他任何可分享的理由来交换这一双重意义上给予的死亡，也不会在这种不对称的契约中分享任何东西。亚伯拉罕感到自己已经清债了。从他的举止看，仿佛他已经从对于亲属、儿子、人类的义务中解放出来；但他仍然爱着他们。他必须爱他们，必须亏欠他们一切，才能将他们献祭。虽然事情并非如此，他还是感到：那个将他与上帝这个"一"相联系的独一而绝对的义务，免除了他对于家庭、人类和伦理一般性的所有义务。绝对义务免除了他所有债务，将他从所有义务中解放出来。这是绝对的赦免（ab-solution）。

在这里，秘密与独占（non-partage）非常关键，亚伯拉罕保守的沉默也一样。他没有说话，没有把秘密告诉亲属。像信仰骑士一样，他是一位证人而不是教师①；确实，这位证人与绝对性之间有

---

①Soren Kierkegaard, *Crainte et tremblement*, op cit., p.170.

一种绝对关系,但他的做证不是下述意义上的做证,即为其他人展示、告知、阐明、显示、报告某个可以证实的真理。亚伯拉罕做证的是绝对的法,后者不可能、也不能在众人面前做证。他必须保守秘密。但他的沉默不是一般的沉默。我们能在沉默中做证吗?我们能用沉默做证吗?

悲剧英雄可以言说、分享、哭泣、抱怨。他不知道"孤身一人担当责任的可怕"①。阿伽门农可以和[妻子]泰涅斯特拉、[女儿]伊菲格纳亚一起哭泣和抱怨,"眼泪和哭泣可以缓解痛苦"。这里有慰藉。而亚伯拉罕无法言说,无法分享,无法哭泣,无法抱怨。他身处绝对的秘密之中。他心乱如麻,他也许想要慰藉全世界,特别是撒拉、以利以谢和以撒;他也许想要在采取最后的行动之前拥抱他们。但他知道,那样的话他们就会说:"你为什么要这么做?你可以不必这么做",可以找个别的解决办法,可以和上帝讨论商量一下。或者他们会骂他隐瞒实情,骂他虚伪。所以,他不能跟他们说任何话。即使跟他们说话,他也不能向他们说任何事情。"他不能说人类的语言。即便他懂得世上的一切语言[……]他仍旧不能说——他说一种神灵的语言,他用异语(en langues)说话。"②如果他说的是普通的或可译的语言,如果他以令人信服的方式给出理由,从而让人理解他,那么他就向伦理一般性的诱惑屈服了;我们前面提到,伦理的一般性同样是不负责任。那么他就不再是亚伯拉罕,不再是那个与独一上帝有着独特关系的、独一的亚伯拉罕。不能给予死亡,不能牺牲他所爱的,因此也

---

① *Id*., *ibid*., p.200. [中译本第86页。——译注]
② *Id*., *ibid*., p.200. [中译本第86页,略有改动。——译注]

不能爱或恨,他也就不再能给予任何东西。

亚伯拉罕没有说什么,但他最后对以撒的回应保留了下来:"我儿,神必自己预备作燔祭的羊羔。"如果他说的是"羊羔就在那里,我带了"或者"我什么都不知道,我不知道羊羔在哪里",那他就撒谎了,他就会为了说假话而说话。他说话而不说谎,因此用不回应的方式回应。这是一种奇特的责任/应答可能性,既不是回应也不是不回应。我们是否要对自己用别人无法理解的语言、用他异的语言所说的话负责?但是,责任难道不是总要以一种陌生的语言才能表达吗?责任的语言,总是有异于共同体已然理解、太过熟稔的语言。"他没有讲一句假话,也什么都没讲,因为他是在用奇怪的调子讲。"①

《抄写员巴托比》(*Bartleby the Scrivener*)②的叙事者(一个律师)引用了《约伯记》("与君王和谋士"③)。在超越兴趣本位的

---

①*Id*., *ibid*., p.204. [中译本第90页,略有改动。——译注]

②梅尔维尔(Herman Melville)的著名短篇小说,讲述了这么一个故事:经营法律事务所的叙事者有一天雇了一位名为巴托比的抄写员。但是,每当派给他任务的时候,巴托比都说同一句话:"我宁愿不(I would prefer not to)。"最后部分,当叙事者去公墓监狱里看望巴托比时,在与送饭人的对话中引用了《约伯记》:"'啊!——他睡着了,是吗?''与君王和谋士一起,'我低语道。"——译注

③参见《约伯记》3:11-16:"我为何不出母胎而死?为何不出母腹绝气?为何有膝接收我?为何有奶哺养我?不然,我就早已躺卧安睡,和地上为自己重造荒丘的君王、谋士,或与有金子、将银子装满了房屋的王子一同安息。或像隐而未现、不到期而落的胎,归于无有,如同未见光的婴孩。"——译注

层面,可以将巴托比与约伯进行比较——不是希望死后加入君王和谋士之列的约伯,而是梦见自己没有出生的约伯。在这里,与上帝对于约伯的考验不同,我们可以想到亚伯拉罕。正如亚伯拉罕不再说人的语言,正如他用异语、用有异于所有人类语言的语言说话——并且,为此用不回应的方式回应,用不说任何真话或假话的方式言说,不说任何确定的话(包括陈述、承诺、谎言)——同样,巴托比的"我宁愿不"也是对一种不做回应的回应负责。这句话提及的是一种没有预期和承诺的未来;它没有说出任何明确的、确定的、肯定或否定的事情。这句不断反复的话什么也没说,什么也没承诺,既不拒绝什么也不接受什么;这句话的模态,或这一独特的非意指性陈述的时态,让人想到一种非语言或一种秘密语言。巴托比仿佛在用"异语"说话,不是吗?

然而,尽管没有说任何一般性或确定性的话,巴托比并不是什么也没说。"我宁愿不"像是一句没说完的话。它的不确定性产生了一种张力:它向某种有保留的不完全性敞开;它表现了某种暂时的保留或作为储藏的保留。这里有一个秘密,假设性地指向某种难以读解的启示或审慎。我们不知道巴托比想要什么或想要说什么,也不知道他不想做什么或不想说什么,但他清楚地给我们听见——他"宁愿不"。内容的影子萦绕着这句回应。如果亚伯拉罕已经接受了"**给予死亡**",同意将他要给予儿子的死亡交给上帝,如果他知道,除非上帝阻止,不然自己就会这么做,那么我们或许可以说,亚伯拉罕恰恰处于一种"我宁愿不"的状态(disposition)中,他不能告诉世界自己牵扯其中之事。因为他爱他的儿子,他宁愿上帝对他无所要求。他宁愿上帝不让他自由行事,宁愿上帝扼住他的手,宁愿上帝提供燔祭用的羊羔,宁愿决断的疯狂瞬间一旦接受牺牲后就会偏向非牺牲(non-sacrifice)。他将不会做出"**不**"的决断,他已经做出了"**是**"的决断,但他宁愿不。如果上帝,如果他者持续将他引向死亡,引向被给予的死亡,那么他已经没什么要说,也没什么要做。而巴托比的"我宁愿不"也是一种将他带向死亡的献祭激情——由法律给予的死亡,由社会(这个社会甚至不知道他为什么要这么做)给予的死亡。

令人惊讶的是,这两个异乎寻常而又非常普通的故事里,女性都不在场。一个是关于父亲和儿子的故事,关于男性角色、关于(男)人的等级关系的故事:圣父、亚伯拉罕、以撒,关于女性撒拉,什么都没有说,更别提夏甲了;而《抄写员巴托比》也丝毫没有提到与女性相关的东西,更别提女性角色了。如果女性以决定性的方式介入进来,那么,体现在不可改变的普遍法则和法的普遍性之中的献祭责任的逻辑,能否被改变、曲折、弱化、移置?从根本意义上说,这一献祭责任的体系,这一双重"给予死亡"的体系,是不是女性的排除或献祭?"**女性的献祭**",在"*de*"这一属格的不同意义上[——女性进行献祭,或女性被献祭]。我们把问题搁在这里。搁在这个地方:两种意义的属格之间。另一方面,在悲剧英雄或悲剧性牺牲那里,女性决定性地在场、占据中心地位,正如她在基尔克果提到的其他悲剧著作中的在场。

巴托比不回应的回应既令人困惑,同时也阴森而滑稽。在傲慢而巧妙的意义上如此。他的回应是某种崇高反讽的凝练表达。为了不说出任何东西而说话,或为了所言非所思而说话,以此引起惊讶、不安、疑问,或让别人或别的事物(法律和"律师")说话,意味着反讽地说话。反讽,尤其是苏格拉底式的反讽,便在于不说出任何东西,不陈述任何知识,而是以此进行诘问,让别人说话和思考。[希腊语]Eirōneia(反讽)的意思是掩盖,是假装无知而进行诘问的行为。"我宁愿不"带有反讽色彩;它只能让人感到这是一个反讽性的情境。有点像一个反常而又熟悉(unheimlich, uncanny)①的叙事。《反讽的概念》(Concept d'ironie)的作者[基尔克果],在亚伯拉罕的责任表达——不回应的回应——那里看到了反讽。为了区别反讽性的伪装和谎言,他写道:

> 然而,亚伯拉罕有一个结论性的语句保留了下来。而且只要我能理解那个悖论,我就能理解亚伯拉罕在那个语句中完全在场。首先,他什么也没有说,以此形式,他说了他不得不说的东西。他对以撒的回应形式是反讽性的,因为当我说出什么、但不说它是什么的时候,这总是反讽。②

---

① 参见弗洛伊德1919年非常诡异的《论诡异》(Das Unheimliche)一文。弗洛伊德从貌似其反义词的 heimlich(熟悉的)谈起,指出其本意不仅是"熟悉的""家庭的",而且有"隐蔽"(versteckt)、"掩盖"(verborgen)等义,并因此与"秘密"(Geheimnis)等词相关。最终,两个貌似是反义词的语词有着相同的意思,引起"诡异"感的事物也往往是人们熟悉的事物。——译注

② Soren Kierkegaard, *Crainte et tremblement*, op cit., p. 204. [中译本第90页,略有改动。——译注]

也许反讽能让我们从刚才提出的许多问题中找到一条共同线索;回想一下黑格尔关于女性说过的话吧:女性是"共同体永恒的反讽"。①

亚伯拉罕的话语,没有借助比喻、寓言、寓示、隐喻、省略法或谜语。他的反讽是关于修辞的修辞(méta-rhétorique)。如果他知道即将发生的事,如果(例如)上帝命令他把以撒带到山上去,在那里上帝将用闪电击死以撒,那么他就可以正当地诉诸谜一般的语言。但他恰恰不知道。不过他也没有犹豫。他的"非知"(non-savoir)丝毫没有中断他始终坚定的决断。信仰骑士决不能犹豫。通过赶向他者的绝对要求、超越知识,他接受了他的责任。他做出了决断,但他的绝对决断不是由知识指导或控制的。事实上,这正是一切决断的悖论性条件:决断必定无法从知识中得出,否则决断就只是这一知识的结果、结论或解释。决断在结构上与知识断裂,并因此注定不会显现——简言之,决断总是秘密的。决断在做出的瞬间就是秘密,但又如何将决断概念与这一瞬间的形象、与其瞬时的刺点(ponctualité stigmatique)形象分开呢?

亚伯拉罕的决断是绝对负责任的,因为它在绝对他者面前承担自己的责任。吊诡的是,亚伯拉罕的决断也是不负责任的,因为它既不受理性指导,也不受可以在众人面前、在普遍法庭的法律面前进行证成的伦理所指引。一切仿佛都表明,我们对[一个]他者承担责任的同时,无法对[其他]他者、对[这一]他者的他者(les autres de l'autre)承担责任。如果上帝是全然他异的,如果上帝是全然他异性的形象或名字,那么**任何他者都是全然他异的**

---

①关于这一点,参照我的 *Glas*, Galilée, 1974, 第 209 页以下。

(tout autre est tout autre)。在某种意义上,这一表述扰乱了基尔克果的论述,但同时也在其最极端的意图上确证了他的论述。这一表述显示,上帝作为全然他异性,遍及一切全然他异的事物。而由于我们每个人、每个他者、任何他者,都因其绝对的独特性而是无限他异的——这种独特性无法接近,它是孤独、超验、非显现的,它在原初意义上无法显现给我的"自我"(正如胡塞尔关于"他我"[alter ego]所说的那样,它在原初意义上无法在我的意识中显现,我只能通过"共现"[apprésentative]①和类比的方式才能把握[appréhender]它)——于是,关于亚伯拉罕与上帝的关系所说的,就适用于我与**作为全然他异性的任何他者**(tout autre comme tout autre)的关系(一种没有关系的关系),特别是与我的邻人、与我的亲属之间没有关系的关系——对于我,他们和上帝一样无法接近、神秘而超验。"tout autre"(任何/每个他者)都是"tout autre"(全然/绝对他异的)。从这个角度看,《恐惧与战栗》关于以撒的献祭所说的是真理。尽管被翻译为一个异乎寻常的故事,这一真理显示了日常[生活]本身的结构。它通过责任的悖论表现出来,即在每个瞬间对于所有人②负有的责任。因此,任何伦理的一般

---

①"共现"是胡塞尔在分析他者经验时的用语。对"我"来说,他者和他者的身体一方面"共同"在那里,另一方面又是原初意义上无法现身在场的,只能以与我的身体相"类比"的方式被我把握。参见 Edmund Husserl, *Cartesian Meditations*, trans. Dorion Cairns(Springer-Science+Business Media, 1960),p. 108ff.——译注

②法语"homme"除了表示"人"之外还表示"男人",所以德里达在"tout home"(所有[男]人)后补了一句"et toute femme"(和所有女人)。中文语境中译出反而显得累赘,故从略。——译注

性都已经陷入了亚伯拉罕的悖论。① 在每个决断时刻,在与**作为全然他异性的任何他者**的关系中,全然的他者/每个他者在每个瞬间都要求我们像信仰骑士那样行事。这或许改变了基尔克果论述的跨度:耶和华的绝对独一性不会允许类比;我们不是亚伯拉罕或以撒,也不是撒拉。我们不是耶和华。通过将一种增补性的复杂状况施加给伦理的一般性,例外或异常似乎被普遍化或被掩盖起来了;但是,这同样为基尔克果的文本增添了一种力量。它将向我们讲述的悖论性真理,关乎我们的责任,关乎我们在每个瞬间与**给予死亡**的关系。并且,它向我们解释它自身的地位,也就是说,它能够秘密地谈论秘密、谈论不可理解、谈论绝对的不可读解性,同时也让我们所有人理解。这个文本对犹太教徒、基督教徒、穆斯林教徒有价值,但同时也对所有他者有价值,对每个

---

①这是列维纳斯对基尔克果提出反驳时运用的逻辑:"对于基尔克果,伦理意味着一般性。据此,'我'的独特性就消失在对所有人都有效的法则中。一般性无法包含也无法表达'我'的秘密。不过,伦理不一定是他认为的这样。伦理作为对于他者的责任意识[……]根本不会让你丧失在一般性中;伦理让你变得独特,将你设立为独一的个体,设立为'我'。[……]他提到亚伯拉罕时描述了与上帝的相遇,主体性在这里上升到宗教层面,也就是伦理之上的层面。但是我们也可以反过来思考:亚伯拉罕的注意力集中在那个将他带回伦理秩序的声音上,这个声音阻止他献祭人类。这是整个剧的最高潮。[……]正是在这里,在伦理之中,存在着对于主体的独一性的诉求,存在着对于生命的意义赋予——尽管有死亡。"(*Noms Propres*, Fata Morgana, 1976, p. 113.)这一批评并不影响列维纳斯对基尔克果的赞扬:在后者那里,"某种绝对新的东西"出现于"欧洲哲学","一种新的真理样式","'受迫害的真理'的观念"(pp. 114−115)。

与全然他异性相联系的他者有价值。我们不再知道谁叫亚伯拉罕,而他甚至也不再能够告诉我们自己是谁。

悲剧英雄伟大而令人敬佩,他们的传奇故事代代相传;而亚伯拉罕则从来没有被视作英雄,因为他始终忠于对全然他者的爱。他并不让我们落泪,也并不激起崇拜之情;相反,他引起了一种骇人的恐怖,而且是秘密的恐怖。这种恐怖让我们接近绝对的秘密,一个我们分享而又无以分享的秘密;这是一个他者(作为他者的亚伯拉罕)和另一个他者(作为他者、作为全然他异性的上帝)之间的秘密。亚伯拉罕本身处在秘密之中,与众人隔绝也与上帝隔绝。

这或许就是我们与他分享的东西。但什么是分享秘密?在此,分享秘密不是知道他人知道的事情,因为亚伯拉罕什么都不知道。也不是分享信仰,因为信仰必须始终是绝对独特性的活动。此外,与基尔克果一样,我们并不从确定无疑的信仰角度来谈论或思考亚伯拉罕。基尔克果反复说自己不理解亚伯拉罕:他不能够像亚伯拉罕那样行事。事实上,这似乎是唯一可能的态度;面对如此骇人听闻的怪事,这甚至是一种必要的态度,虽然这种态度也是世界上最公平分享的东西。① 我们的信仰并非确定无疑,因为信仰永远不能确定无疑,它决不能是一种确定性。我们与亚伯拉罕分享那不可分享的,分享一个我们对它一无所知的秘

---

① 参见笛卡尔《谈谈方法》(王太庆译,北京:商务印书馆,2000,第3页):"良识,是人间分配得最均匀的东西。"为避免和道德意义上的良知相混淆,这里将中译本中的"良知"改为"良识"。——译注

密,他和我们都一无所知。分享一个秘密不是知晓或揭开秘密,而是分享我们不知道的东西:没有什么可以被我们知晓,没有什么可以被我们确定。什么秘密也不是的秘密、什么也不分享的分享——这是什么秘密、什么分享?

这是信仰之为绝对责任和绝对激情(基尔克果会说是"最高的激情"①)的秘密真理;这一裹挟在秘密中的激情,无法代代相传。在这个意义上,它没有历史。尽管如此,最高激情的不可传递性,作为与秘密相关的信仰的通常条件,向我们提出如下要求:我们总是要重新开始。我们可以传递秘密,但将秘密作为仍然保密的秘密传递时,真的能说是传递吗? 这是否构成一个故事/一段历史? 既是也不是。《恐惧与战栗》的尾声不断重复指出,信仰作为最高激情必须在每一代人那里[重新]开始。每一代人都必须重新进入信仰,而不考虑上一代人。于是,他勾勒了许多不断重复的绝对开端的非历史,也勾勒了历史性本身——历史性以一种传统为前提;在绝对开端的不断重复中,每一步都是对于传统的再发明。

随着《恐惧与战栗》,我们在所谓圣典宗教之谱系的几个世代间徘徊:徘徊于《旧约》与犹太宗教的核心,也徘徊于伊斯兰教的奠基性事件或标志性献祭的核心。至于父亲对儿子的献祭,至于被人献祭而最终被上帝所救的儿子(上帝似乎已经放弃他,或要

---

①参见《恐惧与战栗》:"人的最高的激情就是信仰。于此,没有哪代人有什么不同于先辈的起点。每代人都从同样的地方出发,如此循环往复,后代却并不比先代走得更远。"(第93页)——译注

考验他),我们在此或许可以辨认出另一种激情/受难(passion)的宣告或类比。作为基督教思想家,基尔克果最后把亚伯拉罕的秘密重新刻写进(至少就字面来说是)福音书的空间里。这[秘密]未必会排除犹太教或伊斯兰教的读法,但指引基尔克果进行阐释的,似乎是某个福音书文本。基尔克果没有引用这个文本;像《抄写员巴托比》里的"君王和谋士"一样,他只是提了一下,没有加引号;但对于那些生长在福音书教诲中并熟知这些文本的人来说,这是很明白的提示:

> 但是,无人能够理解亚伯拉罕。他获得了什么呢?他仍然忠实于他的爱。爱上帝者不需要眼泪,不需要敬佩;他完全忘记了爱的痛苦。他确实忘记得如此干净,以至于若是上帝都记不起的话,他的痛苦就没有一点蛛丝马迹了,**因为他在秘密之中观察**①,他承认烦恼,计数眼泪,而且什么也忘记不了。
>
> 因此,要么存在着一个悖论,作为独一的个体处于与绝对的绝对关系之中;要么就是亚伯拉罕输掉。(强调为引者所加)②

---

① 参见《马太福音》6:6:"你祷告的时候,要进你的内屋,关上门,祷告你在暗中的父,你父在暗中察看,必然报答你。"——译注

② Soren Kierkegaard, *Crainte et tremblement*, *op cit.*, p. 205. [中译本第91页,略有改动。——译注]

四、任何他者都是全然他异的

> 危险大到我会原谅将物体抹杀的行为。
> ——波德莱尔《异教派》(L'École païenne)

> ……基督教的绝妙主意……
> ——尼采《道德的谱系》(La Généalogie de la morale)

"tout autre est tout autre."①这一表述的战栗,似乎使问题的核心发生了改变。这一表述恐怕太过节约、太过省略,因而像所有孤立的、离开其[原先]语境而流传的表述那样,接近于一句加密了的暗语。我们在此玩弄规则、做出突然的打断、粗暴划定一块话语区域:这是所有秘密的秘密。要想将暗语(schibboleth)②去

---

① 这句法文即本节标题"任何他者都是全然他异的"的原文。——译注
② "schibboleth"语出《士师记》,参见 12:5-6:"基列人把守约旦河的渡口,不容以法莲人过去。以法莲逃走的人若说,容我过去,基列人就问他说,你是以法莲人不是。他若说,不是,就对他说,你说示播列。以法莲人因为咬不真字音,便说西播列。基列人就将他拿住,杀在约旦河的渡口。那时以法莲人被杀的有四万二千人。"亦参见德里达围绕该词进行的对于策兰(Paul Celan)诗歌的分析:Schibboleth, Galilée, 1986.——译注

神秘化,要想识破世上所有秘密,只要将人们安心地称作"语境"的东西改变一下就可以了,不是吗?

"tout autre est tout autre":这一表述首先是一句同语反复。我们已经知道它意指的内容,至少我们在这里看到的是主语在谓述中的重复;因此,如果我们不在意区分这两个同形词("tout"和"tout")——一个是代词的泛指形容词(某个、任何一个、任何一个他者),另一个是量的副词(全然、绝对、根本、无限他异的)——那么这一表述就是同语反复。可是,一旦我们借助某个语境符号的增补,区分了两种语法功能,区分了看上去相同的词("tout")的两个意思,我们就必定要区分两种"autre"。如果第一个"tout"是代词的泛指形容词,第一个"autre"就肯定是名词,而第二个"autre"很可能就是形容词或表语:我们避免了同语反复,但表达了一个根本的异语反复(hétérologie),一个最不可化约的异语反复命题。也可以从另一个角度考虑:在这两种情形中(同语反复和异语反复,且不说同形异义),两个"autre"最后在占上风的同语反复的单调中重复,在同一性原则的单调中重复——在此,凭借系词("est")、凭借存在的意义,同一性原则事实上将凌驾于他异性本身,也即:他者是他者,永远如此,他者的他异性是他者的他异性。这一表述的秘密就将封闭在一种异语—同语反复的思辨中,总是可能什么意思也没有。但我们凭经验得知,思辨总是需要异语—同语反复的立场。根据黑格尔的思辨观念论,这就是思辨的定义;它也是绝对知识视野下的辩证法动力。也就是说(决不能忘记这一点),它是作为启示宗教(即基督教)之真理的绝对哲学的动力。异语—同语反复命题表明了思辨的法则——对所有秘密进行思辨的法则。

让我们不要从各个角度将这句简短的话（"tout autre est tout autre"）颠来倒去，搞得眼花缭乱了吧。[说白了，]就这个独特的表述而言，就这个关键语句的形式而言，假如它细微的移置（这会影响到两个词的功能）没有呈现出两种极其不同的划分（partitions）——也就是在它们令人不安的相似中，呈现出两个不可兼容的划分——那我们对它的关注，也就只会是简略而粗心的。

第一种划分方式，保留了将全然他异性保留下来的可能性。换言之，就是保留上帝的**无限他异性**、保留每个情形下唯一的他者的**无限他异性**。第二种划分方式则将这一全然他异的无限他异性赋予所有他者，或在所有的他者那里认出无限他异性。换言之，在每个[他者]、每个"一"那里，在每个人、每个生物（不管是不是人类）那里，赋予或认出这种无限他异性。甚至在围绕"伦理"和"一般性"的主题而展开的基尔克果批判中①，列维纳斯的思考也处于这种差异与类比的游戏之中：上帝的脸庞和邻人的脸庞之间、作为上帝的无限他异和作为他人的无限他异之间的游戏。如果每个人都是全然他异的，如果每个他者或所有他者都是全然他异的，那么我们就不再能区分所谓伦理的一般性（它必须被牺牲在献祭中）和信仰（它只面对作为全然他异者的上帝，向属人的义务背过身去）。但是，由于列维纳斯仍然要区分上帝的无限他异性和每个人或一般而言每个他者（autrui）那里"同样的"无限他异性，他就恰恰无法说出与基尔克果不同的内容。列维纳斯和基尔克果都无法确保一个始终一贯的伦理或宗教概念，因而尤

---

① 参见第三节相关注释；亦参见我的《暴力与形而上学》一文，载 *L'écriture et la différence*, Seuil, 1967, 第 143, 162 页以下。

其无法确保两个秩序的界线。如列维纳斯所说,基尔克果不得不承认,伦理同样是绝对独特性的秩序和尊重,伦理不仅仅是一般性,不仅仅是同一性的反复。所以,基尔克果无法再轻易区分伦理和宗教。但就列维纳斯而言,他考虑到与他人关系中的绝对独特性(即绝对他异性),也就无法再区分上帝的无限他异性和每个人的无限他异性:他的伦理已经是宗教。在这两种情形中,伦理与宗教的边界变得问题重重——就像所有提及这一边界的话语那样。

对政治和法律问题来说更是如此。我们会发现,与"决断"一样,"责任"的一般概念缺乏自洽性和一贯性,甚至缺乏自我同一性,它因所谓"绝境"或"二律背反"而无法运作。但人们会说,这绝没有阻止它"运作",它甚至运作得更好了:它要遮蔽深渊、填补缺失的根基,它要将混乱的变化生成稳定在惯例之中。混乱指的恰恰是深渊或裂口——为了说话,也为了传达饥饿的口。于是,运作于所有日常话语和法律实践中,并且首先运作于私法、公法、国际法的公理中,运作于内政、外交、战争中的,是这样一种责任语汇:不能说它不对应于任何一个概念,但它只是模糊地萦绕着一个难以找见的概念。它对应于一种否认,而我们知道,这种否认的策略无穷无尽。只消不厌其烦地否认绝境和二律背反,只消将那些在"好心肠"面前仍然表现得忧心忡忡的人视作不负责任、虚无主义者、相对主义者,甚至后结构主义者,或者更糟:解构主义者。

基尔克果强调说,以撒的献祭在所有人眼里都是极其可怕的,它也必须继续如此表现自己:残酷、罪恶、不可饶恕。伦理的观点必须保留其价值:亚伯拉罕是个谋杀犯。不过,这个谋杀场面——一个无法忍受的短暂瞬间,带着戏剧般的紧凑和节奏感——不也是世上最平常的事吗?它难道不是铭刻在我们的实存结构中,以至于甚至不再构成一个事件?人们会说,以撒的献祭在今天不会再发生了。确实,至少表面上是这样。很难想象会有父亲带着儿子去蒙马特山顶将他献祭。如果上帝没有送来羊羔作为代替或派遣天使扼住他的手腕,也会有公正的预审法官(最好是中东暴力问题专家)控告他弑子或一级谋杀;如果一位懂点精神分析又搞点记者工作的精神科医生,确认说这个父亲要承担"[刑事]责任"(仿佛精神分析不会扰乱关于意图、意识、良好意愿等的话语秩序似的),那么这个犯罪的父亲就没有机会无罪释放了。他或许会说,是那个全然他者命令他这么做的——也许是秘密地命令他这么做(那他是怎么知道的?)——为的是考验他的信仰;但这都不顶事。一切都如此组织安排着:在所有文明社会的法庭上,这个人都是确定有罪的。但另一方面,这个社会的顺畅运转,其道德话语、政治话语、法律话语的单调轰鸣,其法律(公法、私法、国内法、国际法)的实施,都不会被下述事实打乱:由于这个社会制定和控制的市场结构和法则,由于外债和其他类似的不对称机制,同一个"社会"正在造成数百万儿童死于饥饿与疾病(根据伦理或人权话语,他们是我们的邻人或同类人),或任由他们死亡(上述差异是次要的,两者都是不向处于危难中的人施加援助);在这里,没有一个道德法庭或司法法庭有能力对这种牺牲做出判决——为了避免自己牺牲而牺牲他人。这个社会不仅参与了这种无法计算的牺牲,而且组织了这种牺牲。这个社会的经济秩序、政治秩序、法律秩序的顺畅运转,其道德话语的顺畅运转,其好心肠的顺畅运转,前提都是这一牺牲的恒常施行。这一牺牲甚至不是不可见的，因为电视上不时地——在一定距离之外——展现其中一些无法忍受的画面，而一些声音也让我们注意到它。但是，这些画面和声音完全无力促成丝毫的改变，无力施加丝毫的责任，无法提供除了托辞之外的任何东西。这个秩序建立于一种无底的混乱（深渊或裂口）之上，而那些必然忘了这一点的人，总有一天必然会想起它来。我们所说的甚至不是战争（最近和最远的战争）；在这里，我们永远也等不来一种道德或国际法（不论人们公然违犯它或伪善地利用它），以哪怕丝毫的严格性，规定谁应该对成百上千的牺牲者（我们甚至不知道他们为谁、为什么事情而牺牲）承担责任或罪责。这无数的牺牲者，他们每个人的独特性每一次都是无限独特的——任何他者都是全然他异的——无论是伊拉克的牺牲者，还是谴责伊拉克不尊重法律的世界同盟中的牺牲者。对于战争期间占据主导的话语，无论是一方或另一方的话语，我们都不可能严格区分宗教和道德、法律和政治。战争的各方都是所谓圣典宗教的不可调和的同宗者。这难道不得归结到我们之前提到的厮杀吗？人们不断在摩利亚山上展开厮杀，为的是将始终一语不发的亚伯拉罕的献祭秘密据为己有，为的是攫取这个秘密并将它视为与上帝订立契约的标志，为的是将它强加给被视为谋杀犯的他者。

"tout autre est tout autre"：这一表述的战栗也会传染。甚至可以将一方的"tout autre"替换为"上帝"："tout autre 是上帝"或"上帝是 tout autre"。这一替换丝毫没有改变原句的"跨度"（portée），不论这些词担当了何种语法功能。一方面，上帝被定义为无限他异性、全然的他者。另一方面，我们宣称每个他者——也即他者中的任何一个——都是上帝，因为他（**作为上帝**）是全然他异的。

这只是[文字]游戏吗？如果这是个游戏，就要确保它安然无恙、不受伤害(indemne)①，正如上帝和人之间必须守护/拯救的游戏(qu'il faut sauver)。因为这两个独特的"tout autre"，作为相同的"tout autre"，它们之间的游戏打开了救赎的希望或空间，开启了"自我救赎/逃遁(se sauver)"的经济(我们还会谈到这一点)。这一文字游戏将他异性与独特性相联系，将他异性与所谓普遍例外或例外之规则相联系("tout autre est tout autre"意味着"所有他者都是独特的"，全部都是独特的，因而也意味着每一个都是全部：这个命题确认了普遍性与独特性的例外——也即"无论是谁"的例外——之间的契约关系)；由此，这个文字游戏似乎包含了下述秘密的可能性：这个秘密在一句话中、特别是在一种[特定]语言中同时揭露和隐藏自己。或至少在有限的几种语言内，在向无限性敞开的、语言的有限性内。根本的、深渊般的含混，即关于

---

① 参见海德格尔《关于人道主义的通信》："但此一度就是神圣者的度，而如果存在的敞开的东西没有被照亮而且在存在的澄明中临近人的话，那么此一神圣者的度甚至只作为度就仍是封闭着的。大概当今世界时代的独异之处就在于此美妙(das Heile)之度在封闭状态中。大概这就是现在唯一的不妙。"(熊伟译文，载《海德格尔选集》，孙周兴选编，上海：三联书店，1996，第394页。)德里达在《信仰和知识》中讨论了"indemnisation"，强调其"补偿"和"复原"两层意思。一方面，它指的是补偿或赔偿损失；另一方面，它指的是将"未受伤害的、纯粹的、无污点的完全性，纯净，不受伤害之物"进行"重构"。因而，作为海德格尔"heilig"一词的翻译，"indemne"指的是"纯粹的、纯洁的、一切损伤或冒犯发生之前的神圣性的"事物。参见 Jacques Derrida, *Foi et savoir*, suivi de *Le siècle et le pardon*, Seuil, 2000, p. 38.——译注

"tout autre est tout autre"或"上帝是 tout autre"的文字游戏,在字面意义上(例如在法语或意大利语中)是无法普遍地翻译的(假设我们还信任"翻译"这一通俗概念)。这一文字游戏的意思,大概可以通过解释而翻译为其他语言;但这里,能够在可谓独特地属于我的语言[即法语]之中,将两个同形异义词(作为代词的泛指形容词的"tout"和作为副词的"tout"、作为代词的泛指形容词的"autre"和作为名词的"autre")形式化地表现出来的经济,却无法翻译到其他语言之中。这是一种 schibboleth,一种秘密表达,它只能在特定的语言中以某种方式说出。作为运气或偶然[的结果],这一形式经济的不可翻译性,像一个秘密般运转于所谓自然语言或母语之中。对此界限,我们可以感到遗憾或欣喜;我们可以从中得到某种民族声誉感,但不管怎么说,对于母语的这个秘密,我们什么也做不了,也无话可说。在我们之前,它就已经在那里、在它的可能性中了;语言的 Geheimnis(秘密)[将语言]和家庭、祖国、出生地、经济、oikos(家)的法则相关联——简言之,和家庭,和 heim、home、heimlich、unheimlich、Geheimnis① 等语族相关联。

母语的这个秘密,与基尔克果《恐惧与战栗》最后提及的、《马太福音》中圣父"在秘密中察看"的秘密,有什么关系? 母语的秘密、圣父在其中察看的秘密、以撒献祭的秘密。事实上,这里的问题与一种经济②有关——[经济]也就是家(oikos)之法(nomos),家和炉火(foyer)的法;也涉及家中炉火之火和牺牲燔祭之火在其中

---

① 参见第三节关于"heimlich"和"unheimlich"的注释。——译注
② "économie"(经济)一词源于希腊文"oikonomia(οἰκονομία)"。——译注

相互分隔、相互结合的那个空间。双重的炉火/家、双重的火焰和双重的光亮：两种爱、燃烧、观察的方式。

在秘密中观察——这是什么意思？

在指出《马太福音》的引文（*videre in abscondito/en tō kryptō blepein*）之前，我们先要指出的是：对于秘密的洞悉，被交给了注视、视觉、观察，而不是听觉、嗅觉或触觉。我们可以设想，有一种秘密只能靠人倾听、触摸、感受而被洞悉、揭露、作为秘密解开或打开——而这正是因为这个秘密逃避了注视，或是因为它是不可见的；或是因为在这个秘密中，可见的东西将不可见的秘密保密起来。我们总是可以将某个事物呈露给视觉而让它仍然保密，因为只有靠视觉之外的其他感觉才能接近这个秘密。例如，我无法识读的书写（一封中文或希伯来文的信，或单纯是无法辨认的笔迹）是完全可见的，但很大程度上又是密封的。它没有隐藏起来，而是加密了。隐匿的事物，也就是眼睛和手无法接近的事物，并不一定是在"crypté"（加密）一词的派生意义上的"加密"事物——这个词的派生意义，指的是"密码化""编码化""要求阐释"，而不是"掩盖在阴影中"（它在希腊语里也有这层含义）。

如何理解福音书的希腊语版本和拉丁语版本之间的细小差异？在[拉丁文]"in abscondito"中，"absconditus"的意思毋宁说是隐匿的、秘密的、神秘的，也就是藏到不可见之中、从视野中消失。在大部分用"absconditus"表示一般而言的秘密、以之作为"secretum"（分开的、退隐的、退出视线的）同义语的例子或比喻中，视觉维度都得到了强调。当然，退出视线之物的绝对意义，不一定是指可见之物隐藏自身——比如我把手放在桌子下面：我的手本身是可见的，但我让它变得不可见。毋宁说，"不可见性"的绝对意义,指的是不具有可见性结构的事物——比如声(说的话或意义)和音。音乐不可见,与盖起来的雕塑不可见,不是一回事。声音不可见,与衣服底下的肌肤不可见,不是一回事。音色和低语的裸露[即不加修饰],性质上和男人或女人袒胸露乳的裸露不一样,两者就羞耻心和不可见性而言都不一样。相对于"absconditus"(更不用说"mystique"了),与加密相关的希腊语(*kryptō*, *kryptos*, *kryptikōs*, *kryphios*, *kryphaiōs*,等等),意思当然也是隐匿的、掩盖的、秘密的、隐秘的,等等,但它们与视觉的关系就显得不太强烈、不太明显。它们超越了可见之物。而在这一语义历史上,加密逐渐使秘密领域向不可见性之外拓展,把一切对识读(décryptage)的抵抗都包括进来:无法辨认、无法识读的秘密,而不是不可见的秘密。

不过,如果这两种意义轻易地交织起来,如果它们可以相互翻译的话,那么,原因之一或许是:我们可以以**两种方式**理解不可见性(l'in-visible)。

一、有一种可见的不可见性、属于可见性次元的不可见性,我可以通过将它从视线中移开而保密。这种不可见性可以被人为地置于视线之外,但仍然可以处于所谓外在性那里。(如果我把核武器藏在地下,或把爆炸物藏在隐蔽处,那么问题仍然是某种表面;如果我将一部分身体藏在衣服或面纱下面,那么问题仍然是将一种表面藏在另一种表面底下。不论人们以这种方式隐藏什么,它在变得不可见的同时,仍然处于可见性次元之中,它在构造上仍然是可见的。也可以举另一些结构上不同的例子:人们所谓身体的内部——我的心脏、肾脏、血液、大脑——可以说是自然地不可见的,但它们仍然在可见性次元之中:一次手术或事故可以将它们暴露在表面,它们的内在性只是临时的,它们的不可见性可以承诺或提示给视觉。)所有这些都属于"可见的不可见性"的次元。

二、但也有一种绝对的不可见性,绝对的非可见之物,它指的是所有处于视觉领域之外的东西,也就是声音、音乐、声响、语音(所以是严格意义上音韵学式的或话语性的东西),但也包括与触觉和嗅觉相关的东西。此外,欲望、好奇心、羞耻经验、秘密暴露的经验、pudenda(羞耻之事)的揭露,或"在秘密中察看(videre in abscondito)"——所有这些在秘密中超越秘密的运动,都不断参与演奏,但它们只能在不可见性的不同乐谱中演奏:不可见性之为隐藏的可见性、加密的不可见性、与可见性相异的非可见性。这是个古老而成谜的重大问题,但又总是在翻新,我们这里只能简单一提。当沉默的基尔克果几乎毫不隐晦(cryptée)地提到《马太福音》的时候,对于"你的父在暗中察看(qui videt in abscondito/ho blepōn en tō kryptō)"一语的暗示,在多个乐谱上回响。

首先,该暗示勾勒了一种与全然他异性的关系,因而就是一种绝对的不对称关系。它足够激起"令人战栗的秘仪",将自己刻写在视觉的次元之中。上帝看着我,他在我的秘密中察看,但我看不到他,我看不到他在看我,尽管他是面对面地看我,而不是像一位我必须对之背过身去的分析师那样看我。由于我看不到他在看我,我就只能或必须倾听。但事情往往是,那个我要倾听的上帝必须被给予我;我倾听自己说出他要说的话,是通过他者的声音——一个他异的他者、信使、天使、预言家、弥赛亚或邮差、消息的送信人、福音传教士、一位在上帝与我之间言说的中介者。上帝与我之间、他者与我之间，不存在面对面关系或目光交流。上帝看着我，而我看不到他；正是以这一看着我的/与我有关的（me regarde）注视为前提，我的责任被确立起来。事实上，这确立或揭示了"与我有关/看着我（ça me regarde）"之事，让我觉得"这是我的[分内]事、我的问题、我的责任"：但不是在"自律性"（康德）的意义上，即我看到自己的行为出于我完全的自由、符合我给予自己的法律；相反，是在"它看着我"中包含的"他律性"意义上——在那里，我一无所见也一无所知，也没有主权权；在那里，我无法主导那命令我做出决断的事物，虽然这些决断仍然是我的决断，是我必须独自承担的决断。

不对称性：这个注视看着我，我却看不到它在看我。在我自己无法见到的地方，它知道我自身的秘密；在那里，[苏格拉底式的]"认识你自己"似乎将哲学奠定在自返性的圈套中，奠定在对于秘密的否认中——这一秘密总是**对我而言**（pour moi）的秘密，也就是**交给他者**（pour l'autre）的秘密：**对永远都一无所见的我而言**的秘密，因而是只**交给他者**的秘密（秘密通过不对称关系而揭露给他）。对他者而言/交给他者的时候（pour l'autre），我的秘密将不再是秘密。两个"pour"意思不同：至少在这一情形下，对我而言的秘密是我无法看到的秘密；交给他者的秘密是只能揭露给他者、只有他者才能看到的秘密。作为对于秘密的否认，哲学将定居在对它应该认识的事物的无知之中。哲学应该认知的事物，指的就是秘密的存在，以及秘密与认知、知识、客观性的不可通约，就像基尔克果从所有"主/客体"知识关系中得出的不可通约的"主体内在性"那样。

他者何以能够看到我的内在、看到我最隐秘的部分,而我自己在那里却看不到什么,看不到我内在的秘密?并且,如果我的秘密只能被揭露给他者,揭露给全然他异性,或者说揭露给上帝;如果我的秘密是一个我永远无法反思、无法经验也无法认识的秘密,一个我永远无法将它重新据为己有的秘密,那么在什么意义上可以说它是"我的"秘密,"我的"一个"秘密",或更一般而言:在什么意义上可以说,某个秘密**属于**某"一个"人,是某"一个"[人]所固有的、向他显露的秘密(或某个"他者":这也仍然是某"一个")?或许正是在此,存在着秘密的秘密,也即:没有关于秘密的知识;秘密在那里,不是对任何人而言的/不交给任何人(pour personne)。一个秘密不属于、永远无法被赋予一个"固有位置"(chez soi)。这便是 *Geheimnis*(秘密)的 *Unheimlichkeit*(诡异)之处,而我们必须系统地考察"Unheimlichkeit"概念的跨度,考察它如何以规范性的样式在两种思想体系中运作:这两种思想体系以不同方式,同样地超越了自我的公理体系,超越了作为"我思"的固定位置、意识或"再现的意向性"的公理体系。这两种思想体系的例子或典型,便是弗洛伊德和海德格尔的思想。问题涉及的是"自我":"我是谁?"但不再是在"我是谁"的意义上,而是在下述意义上:"谁是这个'我',这个可以说出'谁'的'我'"?"我"是什么,当"我"的同一性秘密地战栗的时候,责任又会变成什么样?

注视的不对称性,重新将我们引向帕托裘卡关于牺牲的论述,引向"令人战栗的秘仪"传统。尽管《恐惧与战栗》似乎与康德的自律性逻辑相对立、与这种纯粹伦理或实践理性相对立(牺牲中的绝对义务必须超越它们),基尔克果仍然处在康德传统的延长线上。用康德的话说,对于纯粹义务的接近也是一种"牺牲":牺牲激情和情感,牺牲所谓"被动的"(pathologique)①利害心,牺牲我的感性与经验世界、计算、假言命令的条件性之间的一切联系。对于法的无条件尊重,同样要求一种总是自我牺牲的牺牲(*Aufopferung*)(甚至对准备杀死儿子的亚伯拉罕而言也是如此:他自我施加了最深重的苦难,他把自己要给予儿子、也以另一种方式给予上帝的死亡,给予自身;他给予儿子死亡,并将这个给予的死亡献给上帝)。根据康德的论述,无条件地执行道德法则要求一种暴力,它表现为自我束缚(*Selbstzwang*):束缚自己的欲望、利害、情感或冲动。我们被某种实践性的冲动推向牺牲,被某种冲动性的动机——它是纯粹的实践性的冲动,尊重道德法则是它的显著特征——推向牺牲。《实践理性批判》(第三章"纯粹实践理性的动力[*Triebfedern*]")将 *Aufopferung*(自我牺牲)和责任、债责和义务紧密联系,而后者决不能和罪责(*Schuldigkeit*)分开:决不能和那我们永远无法逃开、永远无法偿清/履行的[债责]分开。

通过诉诸一个**形象/脸庞**(*figure*),帕托裘卡描述了基督教主体性的到来和柏拉图主义的压抑。这个形象把牺牲铭刻在没有目光交叉的注视的不对称性之中。我们记得,严格来说帕托裘卡至少两次提出过这个形象:"[秘仪]令人战栗,因为从此以后,责任就不在人的视线所及的、'善'与'统一'的本质之中,而是在与至高、绝对、不可及的存在者的关系之中,他从内部,而非外部,将我们掌控在手里。"在这一瞬间,[柏拉图式的]"善"的太阳——

---

① 康德在《实践理性批判》中的用语,指的是由于对道德法则的尊重与自爱等内心倾向相抵触而引起的否定的、消极的情绪活动。——译注

作为知性之可见性的不可见来源,它本身不是眼睛——在哲学的彼岸、在基督教的信仰中,成为一种注视。一种人格性的注视,一张脸庞,一个形象(figure),而不是一个太阳。"善"变成人格性的"善意"——变成对我的注视,我却看不到它。稍后一些,帕托契卡写道(波德莱尔或许会将此称为"将物体抹杀"):"归根结底,灵魂不是与对象的关系,无论这一对象多么高远(如柏拉图主义的'善'),而是与某个人格的关系:后者洞悉灵魂深处,本身却不可见。至于人格是什么,这个问题在基督教视野中还没有得到充分探讨。"(第 107 页)①

这个没有交叉的视线,明确了起源性罪责和原罪的所在,它是责任的本质。但与此同时,责任也涉及通过牺牲而寻求救赎。之后,在犹太—基督教的语境中(这是帕托契卡整篇文章中唯一一次提到《旧约》),在"向死存在"的语境中,在我们此处称作对于"给予的死亡"或"作为献祭的死亡"的恐惧/把握的语境中,也出现了"牺牲"一词:

[在基督教中,灵魂本身的生命之源]向着神性和人性的深渊敞开,向着绝对独特的、因此在决定性意义上自我规定的神人论②敞开。灵魂的核心内容,从头到尾都与这出前所未有的戏剧相关。通过与《旧约》历史之

---

① «La civilisation technique est-elle une civilisation de déclin, et pourquoi?», dans *Essais hérétiques sur la philosophie de l'historire*, op cit., p.116.

② 这是对"théanthropie"一词的翻译。该词指的是一种神秘主义,试图以"神人合一"等方式实现和神的交流、解决人的自我异化。——译注

神相结合,古典的超验上帝成为这出内在戏剧的主要人物,使之成为关于救赎和恩典的戏剧。对于日常生活的克服,表现为操劳于灵魂的救赎:这要依靠道德性的改变,依靠面对死亡和永恒死亡而发生的改变来实现。灵魂经历着紧密结合的不安与希冀,战栗于罪的意识,将它全部的存在牺牲给忏悔。(第117页)

我们已经提到,**牺牲的总体经济**①将根据几种可能的"逻辑"或"计算"进行分配。就它们的边界而言,计算、逻辑,甚至严格意

---

① "économie générale"是法国思想家巴塔耶(Georges Bataille)提出的概念,与所谓"有限经济(économie restreinte)"相对。通常意义上被设想为以对等、理性计算等原则基础进行交易的经济样式,均属于"有限经济";而"总体经济"或"普遍经济"的"原则"则是耗散和过剩,是任何经济活动必然无法回收、无法通过辩证法式的否定运动重新纳入经济体系内部的那个"被诅咒的部分",是只能被放弃或破坏的能量。比如巴塔耶在《内在经验》中写道:"事实上,把思考对象和主权的瞬间关联起来的科学只能是总体经济,它设想了这些对象在相互关系中的意义,以及它们最终与'丧失意义'相关联的意义。关于总体经济的问题,位于政治经济学的层面上,但'政治经济学'名下的科学仅仅是一种有限经济(局限于商品价值)。对于处理财富使用问题的科学而言,这里的问题至关重要。普遍经济首先清楚表明的是能量的过剩,而且根据定义,这些过剩的能量是无法利用的。过剩的能量只能被消耗——没有任何目的,所以也没有任何意义。这种无用而无意义的丧失,就是主权。"(参见 Georges Bataille, *L'Expérience intérieure*, Gallimard, 1978.)德里达在《书写与差异》中讨论了巴塔耶的这一概念,参见《De l'économie restreinte à l'économie générale: un hégélianisme sans réserve》, dans *L'Ecriture et la différence*, Seuil, 1967, pp. 369–407.——译注

上的经济,指的正是在这种**牺牲经济**中被利用、悬置、划分(épochalisé)的东西。① 通过它们的相互差异,这些经济或许是对于唯一一种相同经济的不同识读(décryptages)。但和经济一样,"回到相同之物"也可以永无止息。

当基尔克果在结论部分以"再基督教化"或"前基督教化"的方式规定以撒的献祭,仿佛它是基督教的"准备",他未加指明地提到了《马太福音》:"因为他(圣父)在秘密中观察,他承认烦恼,计数眼泪,而且什么也忘记不了。"他知道上帝在秘密中察看。但仿佛上帝不知道亚伯拉罕要做什么、要决断什么或要决断去做什么。上帝确认了亚伯拉罕战栗不已、抛弃一切希望并决定义无反顾地将爱子献祭给自己之后,便把儿子还给了他。亚伯拉罕已经同意经受死亡或比死亡更糟糕的磨难——不带计算,不带投资,不带重新占有的考虑;因而显然超越了回报或补偿,超越了经济,不期待报酬。在这里,对于经济的牺牲——没有它,就没有自由责任和决断(决断总是超越于计算)——事实上是对于 oikonomia 的牺牲,也就是牺牲家庭(oikos)、炉火、固有之物、私人领域、对亲人的爱与情感的法。这是亚伯拉罕给予绝对牺牲之迹象的瞬间,即他给予亲人死亡,给予绝对的爱——他最珍贵的独子——死亡;在这个瞬间,献祭几乎已经完成了,因为只有一个瞬间、一种

---

① 关于这种牺牲的经济,参见我的 Glas, op cit., 特别是第 40, 51 页以下(论黑格尔、亚伯拉罕、以撒的"献祭"和"经济的拟像"),第 80 页以下,第 111, 124, 136, 141, 158, 160, 175 页以下,第 233, 262, 268 页以下,第 271, 281 页以下,第 288 页以下;亦见«Éoconomimésis», dans Mimésis—des articulations, Aubier, 1976.

非流逝的时间,才能将谋杀者抬起的手臂与谋杀本身分开;在这个难以捕捉的、绝对的紧迫瞬间,亚伯拉罕无法再回到自己的决断,也无法中断它;于是,**在这个瞬间**,在甚至无法再区分决断和行为的紧迫性中,上帝通过一种绝对的赠予而把儿子还给了他,并做出主权决断:将牺牲重新铭刻在经济之中——自此以后,牺牲就类似于一种回报。

从《马太福音》出发,我们要追问的是:"交还(rendre)"是什么意思?("你父在暗中察看,必然报答你[*reddet tibi, apodôsei soi*]。")上帝决定**交还**,决定交还生命,交还爱子,始于下述瞬间:一种脱离经济的赠予、一种死亡(并且是无价之物的死亡)的赠予确乎已经达成,它不期待交换、报偿、流通、消费。讨论亚伯拉罕与上帝之间的秘密,也就是讨论:这一作为牺牲的秘密要能够存在,就要切断两者之间的一切交流,不管是交换语词、符号、意义或约定意义上的交流,还是交换财产、物品、财富、私产意义上的交流。亚伯拉罕放弃了一切意义和一切财产——这是绝对义务之责任的起点。亚伯拉罕处于与上帝的"非交换"关系中,他身处秘密之中,因为他不向上帝说话,既不期待上帝的回应,也不期待上帝的回报。回应和责任总是带有要求**回报**、要求报答和补偿的危险(这是自我丧失的危险)。它们的危险在于,要求一种必定是既期待又无法预期、既排除又希冀的交换。

总之,正是通过放弃生命、放弃儿子的生命(有理由相信,儿子的命对他来说比自己的命还珍贵),亚伯拉罕胜利了。他冒了胜利的危险;更确切地说,当他对胜利断念、不再期待回应或报偿、不期待任何可能**交还**给他的东西、不期待任何可能**回到**他那里的东西之后(一旦将散种定义为"不会回到父亲那里的东西"①,我们就能够描述"亚伯拉罕式的放弃"的瞬间),在这个绝对放弃的瞬间,亚伯拉罕发现上帝——在同一个瞬间——交还了他已经决定献祭的东西。它被交还给了他,因为亚伯拉罕放弃了计算。关于这种表现为不再计算的高级计算或主权性计算,去神秘论者或许会说:亚伯拉罕打得一手好牌。根据父之法②,经济重新攫取了赠予的非经济(anéconomie)——作为生命的赠予或作为死亡的赠予(归根结底是一回事)的非经济。

让我们回到《马太福音》(第六章)。就像强迫观念的反复一般,某个真理被说了三遍——为了让人牢记在心。也就是这句话:"你父在暗中察看,必然报答你(*reddet tibi*, *apodôsei soi*)。"这个真理要"牢记在心",首先是因为我们感到,就算不理解也必须要

---

①德里达曾将书写视为失去父亲的孩子:"书写是一个失去的踪迹,一个无法存活的种子,是浪费地溢出的精液,是一股游荡于生命领域之外的力量。它无法产生任何东西,无法自我恢复,无法自我更新。与之相对,言语则使自己的资本结出果实,它不会将自己的繁殖力浪费在与生育无关的快感中。"(参见 Derrida, *Dissemination*, trans. and ed. Barbara Johnson, Chicago: University of Chicago Press, 1981, p. 152.)因此,考虑到"dissémination"一词和生殖、父性、精液的关系,此处将该词翻译为"散种",而非国内常见的"撒播"或"散播"。——译注

②"la loi du père":在这里既是指上帝的命令、上帝对亚伯拉罕的给予(作为"圣父"的法),或许也间接指向拉康关于"父之法"或"父之名"的论述,即语言将主体铭刻/阉割在象征秩序之中。参见 Lacan, «Fonction et champ de la parole et du langage en psychanlyse», dans *Écrits*, Seuil, 1966, pp. 237 –322. ——译注

记住它,它就像一个多次重复的、可重复的表述(比如之前的"tout autre est tout autre",仿佛一句晦涩的谚语,人们可以在不理解的情况下传递和传达它,犹如一个以手相递、口耳相传的密封信息)。重要的是意义之外的牢记"在心"。事实上,上帝要求的赠予,是人们不知晓、不计算、不抱期待、不抱希望的赠予,因为人们必须赠予而不算计,而这就使之超越了意义。但我们说"牢记在心",还有另一层理由。这个段落也是对"心"的省察或教导:什么是"心"——更确切而言,如果"心"回到其正确位置的话,它**应该是什么**。心的本质,也即心处于其应该的恰当位置上,心在正确**所在地**(*emplacement*)那里的恰当位置。这一点让我们联想到经济。因为心的所在便是——或毋宁说被称为是、注定是——真正的财富、财宝的所在,最大的财富积累之所在。心的正确所在地,就是最佳的投资场所。

众所周知,福音书中这一段落集中讨论的是正义问题,尤其是某种经济正义:施舍、报酬、负债、财富积累。而天上的经济与尘世的经济之间的分割(*partage*),让人可以确定心的正确位置。人不能积累尘世的财富,必须积累天国的财富。第三次在山上说"你父在暗中察看,必然报答你"(换言之,"如果你牺牲尘世经济,就可以指望天国经济")之后,耶稣教导说:

134

> 不要为自己积攒财富在地上(*Nolite thesaurizare vobis thesauros in terra*),地上有虫子咬,能锈坏,也有贼挖窟窿来偷。只要积攒财富在天上(*Thesaurizate autem vobis thesauros in caelo*),天上没有虫子咬,不能锈坏,也没有贼挖窟窿来偷。因为你的财富在哪里,你的心也在哪里(*Ubi*

enim est thesaurus tuus, ibi est cor tuum/hopou gar estin thesauros sou, ekei estai kai he kardia sou)。(6:19-21)

心在哪里？心是什么？心是将来你积攒真正财富之处；它无法在地上看见，它的资本积累超越了尘世可见或可感的经济，也即超越了腐败或易于腐败的，容易被虫咬、锈坏、被偷的经济。这不仅暗示了天上经济的无价性，而且它还是不可见的。它不会贬值，别人永远无法从你那里偷走。天上的金库更安全、牢不可破，任何蛮力或亏本交易都动不了它。不贬值的资本只会产生无限利润，这是一笔无比安全的投资，好过最好的投资，是一笔无价财富。

关于心的所在与投资的经济话语，这种心的拓扑学（cardiotopologie）也是一种眼科学。对于腐败和易于腐败的肉眼，天上的财富是不可见的。有好的、健全的眼睛（*oculus simplex/ophthalmos haplous*），也有坏的、腐败的、堕落的（*nequam/poneros*）眼睛：

眼睛就是身上的灯（Lucerna corporis tui est oculus tuus/Ho lukhnos tou somatos estin ho ophthalmos），你的眼睛若瞭亮（*simplex/haplous*——Grosjean 和 Léturmy 译为"*sain*"[健全的]），全身就光明。你的眼睛若昏花，全身就黑暗，你里头的光若黑暗了，那黑暗是何等大呢。（6:22-23）

视觉器官首先是光源。眼睛是一盏灯。它不接收光，而是给予光。它不接收或看见来自外部、处在外部的"善"（作为可见性来源的太阳），它从内部给予光。所以，它是变成"善意"的"善"，是

"善"向"善意"的变化,因为它从内部发光,从身体的内在也即灵魂那里发光。然而,尽管它的根源是内在的,这种光不属于这个世界或大地。它可能显得晦暗、阴暗,如暗夜一般隐秘,无法被肉眼、被腐败之眼看见;正是在这里,"在秘密中察看"变得必要。正是在这里,圣父重新确立了被天上和尘世的区分打断的经济。

《马太福音》的这个段落讨论正义,讨论什么是正义或行正义(*justitiam facere/dikaiosynēn poiein*)。耶稣称赞了"虚心的人"(*pauperes spiritu/ptōkhoi tō pneumati*:灵魂上的乞丐)。

这一教导探讨的问题是贫穷、乞讨、施舍、仁慈,也就是探讨:**对基督而言/交给基督**(*pour le Christ*)的给予意味着什么:**对基督而言**,给予意味着什么;**交给基督**的给予,在基督的名义下、为了基督、在与基督(从基督开始)的新型兄弟情谊中的给予,意味着什么;以及通过这种给予,为了基督、在基督之中、根据基督,正义意味着什么。天国承诺给受到祝福的、喜悦的(*beati/makarioi*)虚心之人,也承诺给哀恸的人、温柔的人、饥渴慕义的人、怜悯人的人、清心的人、使人和睦的人、为义受逼迫的人、因上帝而受辱骂和逼迫的人。所有这些人都被承诺了回报、报酬、担保(*merces/misthos*)、丰厚的报酬、大量的报酬(*merces copiosa/misthos polus*):**在天上**。天上真正的财富由此形成,它的基础是对于尘世间做出的牺牲或放弃进行报酬或偿付;更确切地说,它的基础是偿付那些人——他们能够超越法利赛人和文士、肉身和尘世之人的地上正义或[律法的]字面正义。你们的义,若不胜于文士和法利赛人的义,断不能进天国。① 我们可以把这句话翻译为:你们断不能得到

---

① 《马太福音》5:20。——译注

报酬(mercedem)。

关于这里的逻辑,可以指出几个特征。

第一,**一方面**,这是一种**光线学**(*photology*);在这里,光源来自内心,来自内在,来自精神而不是世界。说了"你们是世上的盐"(5:13)之后,耶稣接着说道:"你们是世上的光,城造在山上(*lux mondi/phôs tou kosmou*),是不能隐藏的(*abscondi/krybenai*)。"(5:14)这是秘密历史上的一次变化。如果光在世界上,如果它的来源在你的外部而非内部,不是来自精神,那么就可以隐藏物体、掩盖城市或核武器。对象不会被消除,只会被掩盖在屏障下。只消用俗世的装置就能创造秘密的场所。人们用一样东西庇护另一样东西,将它藏在**某样东西**后面或下面;人们建立各种装置、藏匿处、暗号,确保秘密不可见。然而,一旦光来自你内心,来自精神的内在性,秘密就不再可能了。这种遍在性,比围绕"宇宙空间"运行的监测卫星更彻底、更有效、更无法否认。任何感官或尘世的事物都无法成为障碍物。任何东西都无法阻挡视线。

光线学来源的内在化,标志着秘密的终结;但它也是一个悖论的起点:光源的内在化同样是秘密的起源,即作为无法化约的内在性的秘密。**不再有秘密;更多的秘密**(*plus de secret*, *plus de secret*):这是另一种秘密的秘密,另一个表述或另一个 *schibboleth*,它完全取决于你是否将"plus"最后的"s"音发出来,而这个区别在文字上无法表现。① **在那里、在所有地方**,或更准确地说(因为地点

---

①如果"plus"最后的"s"发音,"plus de secret"意思就是"更多秘密";如果不发音,意思就是"不再有秘密"。——译注

已经不再有效了),一旦对于上帝或无远弗届的精神之光而言秘密不复存在,一种精神主体性和绝对内在性的回撤(retrait)就确立起来了——在这里,秘密最终得以形成。通过从空间那里逃脱,灵魂或意识的这种[与外在]不可通约的内在性,这一没有外部的内部,同时是秘密的终结和起源。"Plus de secret"。因为,如果在客观性之外不存在绝对异质的内在性,如果不存在无法客观化的内部,也就没有秘密。于是,秘密的奇特经济作为牺牲的经济,就在此确立起来了。同样,"牺牲的经济"这一表达或**表述**(*formula*),在语法上也带有与所有格相关的不稳定性:人们因牺牲而得以积攒(économise),人们将牺牲经济化/节省;这是一种进行积攒/节省的牺牲,或一种进行牺牲的经济。

第二,**另一方面**,这一"内在"之光的精神化,建立了一种新的经济(一种牺牲的经济:如果你超越尘世利益,你将得到很好的报酬;如果你放弃尘世的报酬,你将得到更好的报酬;一种报酬对峙另一种报酬),而这是通过将感性身体的一切配对物切断、分离、使两者不对称的方式实现的——正如当必须切断作为单纯的相互关系的交换时,所运用的方式。为了防止施舍被重新铭刻进某种交换经济中,"你施舍的时候,不要叫左手知道右手所做的"(6:3);同样,"若你的右眼叫你跌倒,就剜出来丢掉"(5:29)。至于手也是一样:

> 你们听见有话说:"不可奸淫。"只是我告诉你们,凡看见妇女就动淫念的,这人心里已经与她犯奸淫了。若是你的右眼叫你跌倒(*scandalizat*/*skandalizei*;*skandalon* 指

让人堕落、跌倒、犯罪），就剜出来丢掉，宁可失去百体中的一体，不叫全身丢在地狱里。若是右手叫你跌倒，就砍下来丢掉，宁可失去百体中的一体，不叫全身下入地狱。(5:27—30)

这种经济性的计算将绝对的丧失整合进来。它打破了交换、对称性或相互性。的确，作为牺牲的经济，绝对主体性不断重复计算或加价，以至无穷，但这是通过牺牲那种被视为有限交易的牺牲而进行的。[这里]有 merces、报酬、商品，甚至商业主义；有支付，但没有交易——因为交易的前提是报酬、商品或回报的相互和**有限**的交换。不对称性指的是这另一种牺牲的经济，它使基督继续谈论眼睛时，说起左与右，说起对子或配对状态的断裂：

你们听见有话说："以眼还眼（oculum pro oculo/ophthalmon anti ophthalmou）、以牙还牙。"只是我告诉你们，不要与恶人作对（non resistere malo/mē antistēnai tō ponerō），有人打你的右脸，连左脸也转过来由他打。(5:38—39)

这个命令是否重建了对子的均等状态，而不是像我们说的那样，分裂了配对？不是。它打断了均等和对称，因为它要求人**给出**另一边脸，而不是**还**一个耳光（右脸还右脸、以眼还眼）。这中断了严格意义上的经济——交换、回报、给予/返还、"一报还一报"，中断了那种充满憎恨的循环——报复、复仇、以牙还牙、算账。接下来提到圣父在暗中察看、给你报答（reddet tibi）时，这一关于交换、关于给予/拿取、关于回报的经济系统又会发生什么？要求中断复仇的相互性,要求不再抵抗恶行,这一逻辑自然就是生命、真理和基督的逻辑以及逻各斯(logos)本身;如帕托裘卡所说的"自我遗忘的善意",它教导的是爱敌人。正是在这个段落中,我们看到:要爱你们的仇敌,为那逼迫你们的祷告(Diligite inimicos vestros/agapate tous ekhtrous umôn)(5:44)。这里非常有必要给出拉丁文或希腊文的引文,哪怕仅仅是考虑到施米特(Carl Schmitt)的论点:在《政治的概念》(第三章)中,施米特强调,在拉丁语里,"inimicus"不同于"hostis",而在希腊语里,"ekhtros"不同于"polemios"。他由此下结论,认为耶稣的教诲涉及的是我们必须给私敌的爱(那些我们可能会由于主观或个人的激情而恨他们的人),而不是给公敌的爱。(施米特意识到有必要顺带指出,inimicus/hostis、ekhtros/polemios的严格区别在其他语言里、首先是德语里是找不到对应的。)在此,基督的教诲有道德和心理学性质,甚至有形而上学性质,但没有政治性质。这对施米特来说至关重要:在他那里,一场针对可以确定的敌人(hostis)的确定战争,一种不以憎恨为前提的战争或敌意,将是政治性的诞生条件。他提醒我们,在穆斯林侵略基督教欧洲的时候,任何基督教政治都绝不会要求人们去爱他们。①

别的不说,这一点重新提起了与福音书相符的基督教政治。

---

① "在基督徒与穆斯林历经千年的争斗中,基督徒也从未出于爱而放弃保卫欧洲,向撒拉人或土耳其人投降。政治上的敌人无须遭到个人的痛恨,只有在私人领域,去爱敌人、即爱仇敌才有意义。"参见施米特:《政治的概念》,刘小枫编,刘宗坤等译,上海:上海人民出版社,2004,第110页。——译注

对于施米特而言，在和帕托裘卡非常不同的意义上，基督教政治或欧洲基督教政治似乎是可能的。政治本身的现代意义与上述可能性休戚相关，因为政治的概念都是世俗化了的神学政治概念。① 但为此我们必须假定，施米特对于"爱你们的仇敌"的解读没有讨论余地，而且首先没有民族学—文献学争辩的余地。仅以针对穆斯林的战争为例：它是施米特意义上的政治行动，确证了基督教政治的存在，确证了真正与《马太福音》一致的自洽设计，它能够把所有基督徒和整个教会汇集到统一性中。但这一点是很可疑的，就像我们对[施米特对于]"要爱你们的仇敌，为那逼迫你们的祷告"的解读始终感到困惑。因为经文上写的是：

> 你们听见有话说，当爱你们的邻舍，恨你们的仇敌。只是我告诉你们，要爱你们的仇敌，为那逼迫你们的祷告。(5:43—44)

当耶稣说"你们听见有话说，当爱你们的邻舍，恨你们的仇敌"，他是有所指的，至少前半句（"当爱你们的邻舍"）而非后半句（"恨你们的仇敌"）指的是《利未记》(19:15—20)。事实上，那里的话是"要爱人如己"。但首先，复仇已经在《利未记》中遭到谴责，经文也没有说"要恨你的敌人"。另一方面，由于邻人的定义是同类人(*congénère*)，相同民族(*'amith*)的成员，《利未记》已经踏入了施米特意义上的政治领域。在私人领域中，似乎很难维持邻人与敌

---

① 施米特的原话是："现代国家理论中的所有重要概念都是世俗化了的神学概念。"参见《政治的神学》，载《政治的概念》，同上，第24页。——译注

人的潜在对立。《利未记》提出了某种正义概念。上帝向摩西说话,给予他几个关于牺牲和报酬的指示,并且(必须强调这一点)禁止他复仇:

> 我是耶和华。
>
> 你们施行审判,不可行不义、不可偏护穷人,也不可重看有势力的人,只要按着公义审判你的邻舍。
>
> 不可在民中往来搬弄是非,也不可与邻舍为敌、置之于死,我是耶和华。
>
> 不可心里恨你的弟兄,总要指摘你的邻舍,免得因他担罪。
>
> **不可报仇**,也不可埋怨你本国的子民,却要爱人如己,我是耶和华。(19:14 –18)

如果这里的"邻人"是同类人,属于我的共同体,属于同一人民、同一民族('amith),那么可以与之对立的人(《利未记》没有这么做,但福音书这么做了),就不是作为私敌的非邻人,而是作为异邦人的非邻人,属于别的人民、别的共同体、别的民族的成员。而这就与施米特的阐释相反:inimicus 和 hostis 的边界比他想的更具有相互渗透性。这里的问题是,如何能在概念和实践上通过某种分离来为政治奠定基础,或形成一个关于政治性的严格概念。这种分离不仅是公共与私人的分离,而且是公共性的实存与共同体的激情或情感的分离(后者将每个人与其他人联系起来:作为同一家庭的成员,同一个伦理、民族、语言共同体的成员,等等)。民族或民族主义的情感、共同体的情感,它本身具有政治性吗?在施米特的意义上，它是公共的还是私人的？这个问题很难回答，也许要进行重新阐述。

《马太福音》在"爱你的仇敌"之后，紧接着又提到了报酬（mercedem/misthon）。又一次提到、总已经提到，因为报酬问题遍及关于圣父的话语：他在秘密中察看，他会给你**报答**（暗示一种报酬）。要区分两种报酬：一种是回报、平等交换、循环经济，另一种是绝对剩余价值，与出资和投资相异。这似乎是两种异质的经济；不论如何，它们是两类报酬，两类 merces 或 mithos。这一对立，是作为交易回报的普通报酬与通过无利害之牺牲或赠予而获得的高贵报酬之间的对立；这一对立也指向两种民族的差异：我们这个与基督说话的民族，和其他民族不同——即［拉丁语里的］ethnici 和［希腊语里的］ethnikoi，因而也即民族集团，它们仅仅是民族和集体（grégarités）而已（André Chouraqui 译为"goim"［源于希伯来语"goyim"，指犹太教徒眼中的异教徒］，Grosjean 和 Léturmy 译为"païens"［异教徒］）。不要忘记"païens"一词的使用，它是我们下文的阅读线索。《马太福音》第五章结尾如下：

44. 只是我告诉你们，要爱你们的仇敌，为那逼迫你们的祷告。

45. 这样，就可以做你们天父的儿子。因为他叫日头照好人，也照歹人，降雨给义人，也给不义的人。

46. 你们若单爱那爱你们的人，有什么赏赐呢（Si enim diligitis eos qui vos diligent, quam mercedem habebitis/ean gar agapēsete tous agapōntas humas, tina misthon ekhete）？就是税吏不也是这样行吗？

这是从一个父亲到另一个父亲的过渡,但也是对真正父子关系的重新占有("这样,就可以做你们天父的儿子")。其条件是赠予和**毫无保留**的爱:如果你只爱那些爱你的人,而且你爱他们是因为他们爱你,如果你坚持这一对称的、相互的、互酬的尺度,那么你无法给予任何东西、任何爱,你的报酬储备就会像被征掉的税、偿还的债务或清偿的债责。为了配得上、为了期待无限高贵的报酬——它超过了应该征收的欠款额度——你必须进行不带算计的给予,必须爱那些不爱你的人。正是在这里,经文提到了"民族"或"异教徒":

> 你们若单请你弟兄的安,比人有什么长处呢?就是外邦人(*ethnici/ethnikoi*)不也是这样行吗?(5:47)

这种无限而不对称的牺牲经济,既与文士和法利塞人的经济、与一般的古法对立,也与异教民族(*goyim*)对立;它有时是与犹太教相对的基督教[经济],有时是犹太教—基督教[经济]。它总是假定了一种宣称超越了计算的计算,它宣称超越了可计算之物的总体性(作为同一性的有限总体)。诚然,这是一种经济,但这种经济包含了放弃可计算的报酬、放弃商品交易、放弃可测量的对称性回报意义上的经济。在这种没有尺度的经济所打开的空间内,一种新的关于赠予或施舍的教导,当然要诉诸**报答**(*rendre*)、利润甚至收益,但被造物无法对此进行算计,必须留给**在秘密中察看的圣父**评估。从《马太福音》第六章开始,正义的主题尽管没有醒目地明示出来,但至少被提到了;正义也恰恰必须以不引人注目的方式来实践。正义之人必须不被注意。想要被注意,意味着想要承认、想要报答——以可计算的报酬、谢礼、回报的形式呈现的报答。与此相反,人必须在不知晓的前提下进行给予(比如施舍),或至少一只手给予而另一只手对此不知情;也就是说,不要让给予被知道,不要让其他人知道,秘密地给予,不要期待承认、回报、报酬。甚至也不要让**自己**知道。左与右的分离再次打破了对子,打破了均等或配对关系,打破了两种经济之间的对称或同质性。事实上,它甚至打断了自我意识,并由此开始了牺牲。不过,一种无限计算接管了被放弃的有限计算:在秘密中察看的圣父会给你无限多的报酬。

事情比之前清楚一些了吗?也许吧。除了那神性之光——它的秘密不需要光线照耀:

> 1. 你们要小心,不可将善事行在人的面前,故意叫他们看见。若是这样,就不能得你们天父的赏赐了。
> 2. 所以你施舍的时候,不可在你面前吹号,像那假冒为善的人,在会堂里和街道上所行的,故意要得人的荣耀。我实在告诉你们,他们已经得了他们的赏赐。
> 3. 你施舍的时候,不要叫左手知道右手所做的。
> 4. 要叫你施舍的事行在暗中,你父在暗中察看,必然报答你。

这个承诺以类似形式重复了多次,不论涉及的是施舍、祷告或禁食(6:17-18)。贯通一切的神圣清澈的光明,在自身中守着最隐秘的秘密。为了抛弃偶像崇拜式的简单做法,即可见的形象和现成的再现,或许有必要[重新]理解这句话("你父在暗中察看,必然报答你"):不把它理解为一个关于上帝是什么的命题,[因为这么理解的话,]上帝要么被认为是一个已然存在的主体、存在者、或 X;要么被认为具有各种属性,如父性、洞悉秘密的能力,能够看见不可见之物,比我自己更能看见我的内心,更加强大,与我的亲密关系胜过我自己。我们必须停止将上帝设想为在那里、在高处的超验存在,设想为(确切说是附加一句)比宇宙卫星更能洞察最内在处的最隐秘之物。通过追随犹太教—基督教—伊斯兰教的命令——但也通过冒险反对这一传统——我们或许有必要[重新]思考上帝及上帝之名,摆脱此类再现或偶像崇拜式的定见。于是,我们或许要说:上帝这个名字,指的是我的下述可能性,即我可能保守一个内部可见而外部不可见的秘密。一旦有了这一意识结构(即"与自身一同存在"的结构)、言说结构(即生产不可见的意义的结构);一旦我——**由于不可见的话语本身**——在自己内部拥有一个其他人看不到的见证人,因而这个见证人**与我相异,同时与我的亲密关系又胜过我自己**;一旦我能保守一种与我自己的秘密关系,不说出一切;一旦在我内部、对我而言存在着秘密和秘密的见证人,那么就有我所谓的上帝,我内部就(有)我所谓的上帝,我(可能[il y a que])将自己唤作上帝——这句话很难与"上帝呼唤我"区别开来,因为正是以此为条件,我才在秘密中自我呼唤或被呼唤。上帝在我内部,它是绝对的"自我(moi)",它是在基尔克果的意义上称作"主体性"的、不可见的内在性结构。在生物和存在者的结构中,在系统发生或个体发生的历史过程中,当秘密的可能性出现的时候([这一可能性是]分化的、复杂的、复数性的、多元决定的);[也就是说,]当出现一种欲望和力量,在[人的]自身内部构成一个不可见性的见证人,并让这个见证人变得绝对不可见——在这个时候,上帝自我显现,上帝显现他的非显现(non-manifestation)。这是上帝和上帝之名作为秘密历史的历史,既隐秘又没有任何秘密。这一历史也是一种经济。

另一种经济？也许是同一种经济的拟像,一种非常含混,以至于**似乎**将非经济也包含进来的经济。因为根本的不稳定性,这同一种经济有时显得忠实于基督教的牺牲,有时似乎谴责或嘲讽这种牺牲。它一开始就宣告废除那仍然过于算计的献祭;它要废除尘世的报酬(merces),废除有限的、可计算的、外部的、可见的市场,它要超越回报和交易(re-merciement[谢礼])的经济,这些都是为了积蓄无限的、天上的、不可计算的、内在的、秘密的利益和剩余价值。一种秘密的计算始终寄希望于上帝的注视,上帝看到不可见之物、在我内心洞察到我拒绝让别人看到的东西。

关于精神——精神本身。借用青年黑格尔的文章标题来说：关于"基督教的精神"。黑格尔在这一启示宗教的**显现**和降临中,辨认出其固有真理的宣告,也就是绝对知识的宣告;在可能的意义上无所不能的基督教王朝已经不知边界为何物,它[不断]蚕食自己的各个界线,它获得了不可战胜的地位,而代价则是它会**自我**战胜：具有在秘密的秘密市场上推动/战胜自己(s'emporter soi-même)的能力。尼采后来会说,这是"基督教的绝妙主意";当他戏仿夏多布里昂的文学文本时,尼采也许仍然天真地相信,自己知道"相信""让人相信""信任"在这一无限性的行进或贸易中意味着什么。基督教与自身的关系、它的自我肯定或自我表现、它的"**自我**存在",都成立于这一夸张的市场,成立于不可见的内心的可见性。所以,任何对于基督教的"外部"批判,都是对于一种内部**可能性**的展开,都是对于始终完好无损的**潜能**(puissances)的揭示——无法预计的未来的潜能、基督教事件或基督教在**世界规模**上降临的潜能。所以在这里,任何相关的外部批判或内部批判都会偏离目标,因为它们首先已经将目标内在化了。对于基督教的一切去神秘化努力,都会屈服和翻转为对于一种未来的原基督教(proto-christianisme)的证成。

男人的历史/故事。这一潜力(réserve)被保存在无牺牲之牺牲的褶皱中,保存在拯救或者说复活儿子的瞬间:以撒、以实玛利、耶稣最后都是兄弟。每次拯救或复活的都是一个儿子、那个儿子、唯一的儿子。不是撒拉、夏甲或[其子]以实玛利。① 是否应该说,这三人及其在未来代表的一切,才是最初的牺牲者?

每一次,失去的**那个**儿子都会**被**父亲所救,只被**那个**父亲拯救。这是男人的历史/故事。

在这一亚伯拉罕或易卜拉欣式瞬间的褶皱中(福音书将这个瞬间翻转进其他两种"圣典宗教"),在这个无底秘密的深处(repli),[我们听到了]一种宣告,它来自昵称为"文学"的虚构**可能性**。我们说的是它的可能性,而不是它的**体制化**事件和结构性住所,更不是它的法律保障(met en État)、它以"文学"之名被赋予的地位——这些不过是现代的结果,历史不超过几个世纪。与通常

---

① 本斯拉玛(Fethi Benslama)注意到"被抛弃的夏甲和她的孩子始终纠缠着'islam'一词的定义",并由此强调和分析了"夏甲在伊斯兰创设时遭到的排斥"。在此,我只能让读者参照他出色的文章《La repudiation originaire》,收于 *Idiomes*, *Nationalités*, *Déconstructions*: *Rencontre de Rabat avec Jacques Derrida*, Casablanca: Éditions Toukbal, 1998.

提出的表面情况相反，我们倾向于认为，这一年轻体制的可认定的起源——就像民主国家的现代形象的起源那样——与其说是希腊式的，不如说是亚伯拉罕式的。关于这一点，下一篇文章还会谈到。这里只需指出其中一个特征：我们推测，文学中有一种奇特而不可能的系谱/父子关系（filiation），它纪念的是众多的父亲和儿子，纪念的是众多准备拼死给予自己死亡的男人（尽管从未成功，甚至可能自己对此也不相信）；通过这一系谱，文学至少保留了下述特征——我们可以用波德莱尔的话来形容：它总是可能表现为"杀人和自杀的文学"。男人而非女人的历史/故事；"同胞"的历史/故事，兄弟情谊的历史，基督教的历史："伪善的读者，——我的同类，——我的兄弟！"①

　　这一基督教批判的文学夸张（同时也是福音书式的和异教性的），表现在波德莱尔的一篇短文《异教派》（1852）之中。出于我们刚才提到的理由，由于它很"夸张"，这一"批判"就既不只是外部批判，也不只是内部批判。在满腔怒火的数页内，激情和怒气迸发出一种诗学、一种道德、一种宗教、一种哲学。波德莱尔首先指责的是某些未提名字的作家（很可能是班威尔、里尔、葛蒂埃等人②，他们称颂希腊文化及其模式）。波德莱尔反对他所谓"新异

---

①波德莱尔：《致读者》，参见《恶之花 巴黎的忧郁》，钱春绮译，北京：人民文学出版社，1991，第7页。——译注

②Théodore de Banville（1823—1891），法国诗人和作家；Charles-Marie Leconte de Lisle（1818—1894），法国诗人，"高蹈派"诗歌运动（1866）的核心人物之一；Théophile Gautier（1811—1872），法国诗人、剧作家、小说家、文艺批评家，其作品对高蹈派、象征派、颓废派等艺术流派产生了重要影响。——译注

教徒"的形式崇拜和造型主义（plasticisme），认为他们同时是偶像崇拜者、物质主义者和形式主义者；他提醒人们小心那种拜倒在再现的唯美主义面前的卖春，小心图像、表象、偶像崇拜的物质主义，小心表象（l'apparaître）的严格外在性（在其他地方，根据某种设计好的悖论，波德莱尔也提出过相反的论点）。波德莱尔以有点类似《马太福音》的方式谈论施舍，最后讲述了一个关于伪币的故事：它结构上比[《巴黎的忧郁》里的]《伪币》（La fausse monnaie）更简单、更贫弱，不那么倒错（perverse）①，但也相当接近，所以就要求我们对两者进行系列化分析。波德莱尔"原谅将物体抹杀的行为"：

> 每动一步，每说一句话，都要碰上一件异教的事情。[……]而你们，新异教徒们，你们干的不是一码事又是什么呢？[……]你们肯定是把灵魂丢在什么地方了。[……]驱赶激情和理智，就是要文学的命。否认以往社会（基督教的或哲学的）的努力，就是自杀。[……]单单把有形艺术的诱惑聚集在自己周围，等于制造毁灭的巨大机会。在很长很长的时间内，你们将能看到的、喜爱的、感觉到的只是美，仅仅是美。我是在有限的意义上使用这个词的。世界只能以其物质的形式出现在你

---

① 参见 Baudelaire, *Œuvres Complètes*, ed. Claude Pichois, Gallimard, «Bibliothèque de la Pléiade», t. II, 1976, 第44页以下。我在对于《伪币》的解读中，没有考虑到《异教派》中对于伪币制造者的涉及。参见 *Donner le temps, 1. La fausse monnaie*, Galilée, 1991.

们面前。[……]让宗教和哲学有朝一日来临吧,就像是受到了一个绝望者的呼喊的强迫!这将永远是那些理智失常的人的命运,他们在自然中只看见节奏和形式。而且哲学开始时仅仅作为一种有趣的游戏。[……][儿童败坏了的]灵魂不断地受到刺激,却永远不被满足,在世界上游荡,在一个繁忙的、勤劳的世界上游荡;我说,它将像一个妓女一样游荡,喊道:形体!形体!形体,这可怕的字眼使我浑身起鸡皮疙瘩,形体毒害了他,然而他却只能依赖这毒药为生。[……]我理解破坏圣像者和穆斯林对形象所怀有的愤怒。我同意奥古斯丁对于视觉的过大的快乐所怀有的悔恨。危险之大,使我原谅对于物体的取消。艺术的疯狂等于思想的滥用。这两种至高无上的东西,任何一种都会产生愚蠢、冷酷无情和巨大的傲慢及自私。我记得听人说过,一个轻浮的艺术家得到一枚伪币,他说:我把它留给一个穷人。这个无聊之徒从偷窃穷人中得到一种卑鄙的快乐,同时又享受了仁慈的名声所具有的好处。我又听见另一个人说:为什么穷人不戴着手套讨饭,这样他们会发大财的。我还听见一个人说:别给这家伙,他穿得别扭,他的破衣服不合身。[……]这样的时代不远了,那时人们将会明白,任何拒绝科学及其哲学亲密同行的文学都是杀人和自杀的文学。①

---

① 波德莱尔:《异教派》,郭宏安译,参见《波德莱尔美学论文选》,北京:人民文学出版社,1987,第45-50页。——译注

这一论述看上去前后连贯,也比《伪币》更少曲折。但它也有两种读法。福音书式精神主义的层层加码,每时每刻都有倾覆的危险。在秘密中察看并给予报答的圣父,在他承诺的天上报酬那里,《异教派》总是能够揭去那崇高和隐秘的市场的面纱。《伪币》的叙事者会说,这个市场试图"以经济手段获取天堂"。一旦赠予(无论是多么慷慨的赠予)牵扯到计算,一旦它算计知识(connaissance)或承认(reconnaissance),它就陷入了商业交易:给予成了交换,最终成了给予伪币,因为给予是为了换取回报。即便给予的是"真"币,给予在计算中的变质也立刻从内部摧毁了被给予之物本身的价值:钱币可以守住价值,但无法再像这样被给予。一旦与"报酬"(merces)相联系,它就是假的,因为它唯利是图;尽管它是真币。于是,稍微改动一下波德莱尔的表述,我们可以引出一种双重的"将对象抹杀的行为":一旦赠予开始计算(始于赠予的简单意图**本身**,始于意义、知识、承认的期待),它就抹杀了(赠予的)物体。它否定了这一物体本身。为了不惜一切代价避免这种否定或消灭,就必须展开**另一种**抹杀物体的方式:在赠予之中,只守住赠予的行为和意图,而不是赠予之物;说到底,赠予之物并不重要。给予必须在不知晓、没有知识、没有**谢礼**的前提下进行:在什么也没有,至少没有任何物体的前提下进行。①

《异教派》的批判或论辩具有**去神秘化**的品质。这个词现在不流行了,但用在这里很贴切,不是吗?它说的是揭露秘密的神秘主义虚伪,批判捏造的秘仪,批判带有秘密条款的契约,即在秘

---

① 参照 Derrida, *Donner le tempts 1*,前揭。——译注

密中察看的上帝会给予无限多的回报；而由于上帝自己始终是所有秘密的见证人，我们就更容易相信这种神秘了。

上帝分享，并且**知道**。我们必须**相信**他知道。这一知识**同时**确立和摧毁了基督教的责任和正义概念，也**在同一时刻同时**确立和摧毁了它们的"对象"。尼采在《道德的谱系》中把责任的谱系称作"责任(*Verantwortlichkeit*)之起源的漫长历史"，并描述了道德和宗教良心的系谱：一个充满残酷、牺牲甚至燔祭的舞台（这些是尼采的用词），[这个舞台上还有]作为债务或义务的罪责(*Schuld*：道德的"首要概念"）、经济投资、债权人(*Gläubiger*)和债务人(*Schuldner*)之间的"契约关系"。一般的权利主体(*Rechtssubjekte*)一登场，这些关系就出现了，它们被还原为"买卖、交换、贸易、交通的基本形式"。①

牺牲、报复、残酷，所有这些都铭刻在责任和道德良心的起源中。"老康德"的"绝对律令"散发着残酷的气味。② 但尼采对这种残酷的诊断，同时瞄准了道德和正义体制内的经济、投机、商业交易(买卖)。他还瞄准了对象的"客观性"："'任何事物都有它的价格'，'所有的东西都是可以清偿的'：这是**正义**的最古老和最天真的道德戒律，是地球上一切'善行''公允''好意'以及'客观性'的开端。"③

---

①Friedrich Nietzsche, *La Généalogie de la morale*, §4, tr. H. Albert, Mercure de France, 1964, p.74. [中译文根据《论道德的谱系》，周红译，北京：三联书店，1992，第44页。——译注]

②Id., ibid., §6. [中译本第45页。——译注]

③Id., ibid., §8. [中译本第50页。——译注]

尼采甚至考虑到了下述时刻:这种正义把没有支付能力、没有偿还能力、绝对性都包括进来。因此,如何超越作为交易的经济,如何超越谢礼(re-merciement)贸易,也在尼采的考虑之内。不过,尼采并未将此寄托于纯粹善意、信仰或无限赠予;他在那里察觉到对于物体的抹杀,同时也察觉到正义在恩典中的自我毁灭。正义的自我毁灭,正是基督教的本质瞬间:

> 由于对损失睁一只眼闭一只眼(durch die Finger zu sehn),由于允许无力赔偿者逃之夭夭,所以提倡"一切都可以抵偿,一切都必须抵偿"的正义感消失了——就像世间所有好事一样,这种正义的消失是一种自我扬弃。[在法语中译为"自我毁灭"的短语是 sich selbst aufhebend——尼采强调:通过"自我扬弃",基督教正义将自己否定并保存在那试图超越基督教的事物之中;它仍然是它所不是的东西,即一种残酷的经济,一种交易,一份债务与债权、牺牲与报复的契约。]我们知道这种正义的自我扬弃(Diese Selbstaufhebung der Gerechtigkeit)给自己起了一个多美的名字——它叫"宽宥"(Gnade["恩典"]);很明显,宽宥已经成了最有权力者的特权(Vorrecht),或者毋宁说,成了他超越法律的存在方式(sein Jenseits des Rechts)。①

---

① Friedrich Nietzsche, *La Généalogie de la morale*, op cit., p. 86. [中译本第 52 页,略有改动。——译注]

正义在 Selbstaufhebung（自我扬弃）中始终是一项特权，Gerechtigkeit（正义）始终是 Jenseit des Rechts（超越法律）的 Vorrecht（特权）。这促使我们思考，在一般意义上的"自我"的构成中，在责任秘密的这个核心处，Selbstaufhebung（自我扬弃）的 Selbst（自我）是什么。

通过道德义务和良心谴责，通过作为罪责的良心，某种压抑（Zurückschiebung [推回]）①概念将债务机制道德化②。为探究这一概念，我们可以追踪这种压抑的夸张化过程（也许可以把它和帕托裘卡谈论基督教压抑的段落联系起来）。这种牺牲性的自负（hubris）是尼采所谓"基督教的绝妙主意"。在基督出于对债务人的爱而做出的牺牲中，牺牲性的自负将这一经济带到过剩的地步——同一种牺牲的经济，同一种牺牲的牺牲：

> ……在这种悖论性的、恐怖的急救措施中，焦虑不安的人类找到了片刻的安慰；这种安慰便是**基督教**的绝妙主意（jenem Geniestreich des Christentums）：上帝为了人的债务牺牲了自己。上帝用自己偿付了自己，只有上帝能够清偿人本身没有能力清偿（unablösbar）的债务——债权人（der Gläubiger）自愿地为他的债务人（seinen Schuldner）牺牲自己，这是出于爱（能令人相信吗 [sollte man's glauben]？），出于对他的债务人的**爱**！……③

---

①Id, ibid., p.110, §21. [中译本第 69 页。——译注]
②在别处，我从另一个角度考察了《道德的谱系》中的这些段落。参见 La carte postale, de Socrate à Freud et au-delà, Flammarion, 1980, 特别是第 282 页。
③尼采：《道德的谱系》，前揭，第 70 页，略有改动。——译注

如果存在这种"绝妙主意",它只会在无限分享秘密的时刻到来。像魔术性的秘密一样,像权力的技术或能力的诡诈一样,如果我们能将[这个"绝妙主意"]赋予被称作"基督教"的某人或某物,我们就要在其中引入另一种秘密:一种颠倒和无限化,它把责任(对于前所未有的秘密的责任)、信仰(croyance)的经验(不可化约的经验,信用和信仰[foi]之间的经验),它把悬置在债权人(Gläubiger)的信赖(créance)和信仰者的信仰(Glauben)之间的**相信**(*croire*),赋予上帝、他者、上帝之名。如何**相信**这一关于**信仰**或**债权人**的历史/故事?这正是尼采最后问的问题——他的自问,或来自他者、来自其话语之幽灵的提问。这是不是一个修辞式的问题(即英语所谓"a rhetorical question",指一个假问题、伪问题)?不过,使修辞式问题得以可能的东西,有时也会扰乱问题的秩序。

像通常发生的那样,问题的呼唤/对于问题的诉求,以及在那里回响的要求,将我们带向比回应更远的地方。在它们觉醒的前夜,问题、要求、呼唤**必定**已经通过向他者流布(s'accréditer)——通过让他者相信——而开始了。确实,尼采必须相信[自己]知晓"相信"的意义,除非他[这么做]是意在让人相信(faire accroire)。

秘密的文学:
不可能的父子关系

La littérature au secret:
Une filiation impossible

"上帝",请原谅我这么说……

原谅不想言说(*Pardon de ne pas vouloir dire*)。①

设想我们将这个表述留给它自己的命运。

至少一次,请同意我像这样将它弃之不顾,[这个]单独因而贫瘠的、无目标的、游荡的甚至居无定所的[表述]:"原谅不想言说……"这个表述是一句话吗?一句祷告?一个请求(要想知道它是否只是被打断了,要想知道它是否需要或排斥结尾的省略号,还为时尚早,或已然太迟)?"原谅不想言说[……]②"

要不就是,我可能在某天发现这个几乎不可能的语句,发现它本身是单独的、可见的,它被抛弃和暴露给所有过路人,被铭刻在石板上,被读取在墙上甚至石头上、一页纸上,被保存在一张电脑碟片里。

因而,这就是一个语句的秘密:"原谅不想言说……"它说道。

"原谅不想言说……":这回成了一个引用。

---

①法语中"vouloir dire"直译为"想说",但作为习语也可译为"意思是";亦需注意"pardonner"(原谅)与"donner"(给予、赠予)的字面关系,中译无法体现这层关系。另外,德里达的这一表述,若将"vouloir dire"作"没有意义"解,那么它和下文讨论的文学性的文本就有直接对应关系,仿佛是文学本身在说:请原谅,文学没有意义:没有真实指涉、不负责任、总是如悬置在空中一般。——译注

②此处方括号为原文所有。——译注

于是，阐释者对它进行考察。

163　　考古学家也许会怀疑它是否是一句完整的话："原谅不想言说……"但到底是什么？向谁？谁向谁[言说]？

正是在那里存在着秘密；我们感到文学正在攫取这些语词，同时又不占有它们为己所用。

这个阐释者不知道，这一请求是否曾在某个真实语境中意指过什么。是否有一天，某人向某人说过这个请求——某个真实的署名人向某个特定的受话者？

一、秘密的考验：对于一者，也对于他者

历史上有无数保守着绝对、恐怖、无限的秘密的人，在所有这些人中，我想到了亚伯拉罕。他是所有亚伯拉罕式宗教的起源，也是下述财富的起源：没有亚伯拉罕，我们称为"文学"的东西，很可能永远无法如其所是地出现，无法以这个名义出现。那么，具有某种亲和力(affinité élective)的秘密，是否会将上帝与亚伯拉罕之间选择性契约的秘密，与我们称为"文学"的秘密——**关于**文学的秘密和文学**内部**的秘密——结合起来？

亚伯拉罕或许会说（上帝或许也会说）："原谅不想言说……"我想到亚伯拉罕，他没有对撒拉甚至以撒说出那个秘密：那个涉及上帝单独给予他的命令的秘密。这个命令的意义始终隐秘，甚至对他自己来说也是。我们只知道这是个考验。什么考验？我想提出一种读解(lecture)。在这里，我将"读解"区别于"阐释"。这一读解既是主动的，又是被动的，它是所有阐释的前提，是数千年来积累的无数解经、注释、义疏、释读的前提；因此，它不单是众多阐释中的一种。在我要给予它的、同时是虚构和非虚构的形式中，它将具有一种非常奇特的明确性或

确定性。它具有关于秘密的秘密经验所具有的清晰和分明。①什么秘密?下面这个:上帝单方面赋予的、施加在摩利亚山上的考验,它考验亚伯拉罕能否保守秘密:简言之,"不想言说……"在这里,"不想言说"是如此夸张极端,以至于几乎和"无法想要言说"难以区分了。

这意味着什么/想要说什么(voudrait dire)?

这里的问题无疑涉及一种**考验**(*épreuve*)——在这个词上,所有译者都很一致:

> 这些事以后,神要**试验**亚伯拉罕,就呼叫他说,亚伯拉罕;他说:我在这里。(《创世记》22:1;强调为引者所加)

(秘密的要求将在这个时刻开始:我说出你的名字,你感到自己被我呼唤,你说"我在这里",并通过这个回应而做出约定:不提到我们,不提到这次对话,不提到给予的话语,不与其他任何人说,回应我并且只回应我,只在我面前回应,只对我、亲自对我进行回应,没有第三者;你已经发誓、你已经约定在我们之间保守我们契约的秘密,保守这一呼唤、这一共同责任的秘密。最初的违背誓约,就在于泄露这个秘密。

但让我们停下来看看这种秘密的考验如何通过牺牲而进行——牺牲世上最珍贵的、最爱的、爱本身的独一无二性,以一种

---

① "清晰和分明"是笛卡尔哲学中的真理标准。"凡是我十分清楚、极其分明地理解的,都是真的。"参见《谈谈方法》,前揭,第28页。——译注

独特性反对另一种独特性,以一种独特性牺牲另一种独特性。因为我们所要谈的秘密的秘密,不在于隐藏**某样东西**,不在于揭露真相,而在于尊重绝对的独特性,尊重那种无限的分离——它将我联系或暴露于独一性,联系或暴露于"一个"和"其他"、"一者"和"他者":)

> 神说,你带着你的儿子,就是你独生的儿子,你所爱的以撒,往摩利亚地去,在我所要指示你的山上,把他献为燔祭。亚伯拉罕清早起来,备上驴,带着两个仆人和他儿子以撒,也劈好了燔祭的柴,就起身往神所指示他的地方去了。(《创世记》22:2 -3)①

---

① 德里达在此引用了 E. Dhormes 的译文和 A. Chouraqui 的译文。两个版本分别如下:"Après ces événements, il advint que l'Élohim *éprouva* Abraham. Il lui dit Abraham ! Il dit ' Me voici. ' ' Prends donc ton fils, ton unique, celui que tu aimes, Isaac, va-t'en du pays de Moriah et là offre-le en holocauste sur l'une des montagnes que je te dirai. ' Abraham se leva de bon matin, sangla son âne, prit ses deux serviteurs avec lui, ainsi que son fils Isaac, fendit les bois de l'holocauste, se leva et s'en alla vers l'endroit que lui avait dit l'Élohim. " "Et c'est après ces paroles : ' L'Elohîm *éprouve* Abrahâm. /Il lui dit : Agrahâm ! Il dit : Me voici. /Il dit : Prends donc ton fils, ton unique, celui que tu aimes, Is'hac,/ va pour toi en terre de Moryah, là, monte-le en montée/sur l'un des monts que je te dirai. '/Abrahâm se lève tôt le matin et bride son âne. /Il prend ses deux adolescents avec lui et Is'hac son fils. /Il fend des bois de montée. Il se lève et va vers le lieu que lui dit l'Elohîm. "在两处引文中,德里达强调的都是"考验"一词。——译注

基尔克果反反复复讨论亚伯拉罕的沉默。他在《恐惧与战栗》中的这种执着,是对一种本身值得进行仔细分析的策略所做的回应。尤其是关于"诗性""哲学性""审美性""伦理性""目的论性""宗教性"等概念和语汇的有力发明。特别是,几个**乐章**(我想在音乐意义上使用 mouvements 一词)在这种沉默周围交响。事实上,虚构叙事的四个乐章——它们都是献给维珍妮(Regine)①的——构成了全书的开篇。这几则寓言都属于"文学"(我们或许有权这么称呼)。它们以自己的方式复述或演绎了圣经故事。我们要强调下面这些文字,它们为沉默的洪亮回响赋予节奏:"他们骑着毛驴**沉默着**走了三天。第四日清晨,当亚伯拉罕看见摩利亚山近在眼前时,仍然**沉默着**。[……]亚伯拉罕对自己说:'但我不能向以撒隐瞒这一路将带他去向何方。'"但他什么也没对以撒说。因此,在**第一乐章**最后,我们听见的是[这样一个]亚伯拉罕:他只擅长与自己、与上帝、与自己心中的上帝说话:"然而,亚伯拉罕却轻声地对自己说:'尊贵的上帝,感谢你!他最好相信我是凶残之徒,而不要对你失去信念。'"**第二乐章**:"他们**沉默地**骑驴上路。[……]他**沉默着**准备好干柴,绑住以撒;他**沉默着**拔出刀子。"到了**第四乐章**,沉默的秘密实际上已经为以撒所分享,但两人都没有戳破事情的秘密;而且,他们确乎决定不要提到它:"世上无人谈及此事,以撒也从不向人提起他所看见的事情,亚伯拉罕更不怀疑有任何人看见

---

①Regine Olsen,1840 年 9 月与基尔克果订婚,次年 8 月婚约破裂。基尔克果的《恐惧与战栗》和《重复》都出版于 1843 年 10 月 16 日。——译注

过这一切。"①因此,同一个秘密、同一种沉默,分开了亚伯拉罕和以撒。因为如这则寓言明确指出的那样,亚伯拉罕没看到的是以撒看到他了,看到他在磨刀,看到他布满绝望的脸庞。亚伯拉罕不知道自己被看到了。他看,而看不到自己被看。在这个意义上,他身处非知(non-savoir)之中。他不知道他的儿子将成为他的见证人,虽然这个见证人从此以后将恪守同一个秘密,那个将他与上帝相关联的秘密。

因而,基尔克果在一个乐章那里、在四组沉默的秘密管弦乐中的一个那里,设想了一出关于原谅的伟大悲剧,难道是偶然的

---

①Soren Kierkegaard, *Oeuvres Complètes*, t. V, *op cit.*, pp. 106 – 110. [中译本第 2 – 5 页,略有改动。——译注] 在别的地方,基尔克果也提到了一种"沉默的誓言"。亚伯拉罕的沉默,他对于中介、一般性、公共法律(*juris publici*)、政治、国家、神圣性的拒绝,规定了基尔克果所谓对于伦理的目的论式悬置[指在更高的目的面前,伦理维度被悬置——译注]。神圣性只是上帝的"幻影"(第159页),而伦理的一般性不过是信仰的苍白幽灵。因此,亚伯拉罕不是、必定不是、不可能是"幻影或消遣品"(第144页)。基尔克果反复指出亚伯拉罕不能说话,他坚持这一不可能性或无能为力,坚持"他不愿"之前的"他不能";因为他不说话的决断本身也是被动的(第198,199,201页及各处),他被动地处于一种不再是审美性沉默的沉默之中。在这里,至关重要的差异便是亚伯拉罕的悖论性秘密与那必定隐藏在审美秩序之中(反之,也必定在伦理秩序中得到揭示)秘密。审美需要始终隐藏秘密,并回报它;伦理则要求秘密的显现。审美养育秘密,伦理惩罚秘密。但信仰的悖论既不是审美性的(想要隐藏的欲望),也不是伦理性的(反对隐藏的禁令)(参见第217页以下)。信仰的悖论,让亚伯拉罕陷入同样吊诡的原谅场景。基尔克果同时给予我们虚构和真理,给予我们一种真实的虚构——或许所有原谅的场景都是真实的虚构。

吗？如何调和沉默、秘密和原谅的主题？在**第三乐章**,当亚伯拉罕沉思遐想时,夏甲和以实玛利的影子一晃而过;在这个谜一般的段落之后,亚伯拉罕向上帝祈求。他以头抢地,请求上帝原谅:不是原谅他违背了上帝,而是原谅他服从了上帝。原谅他在上帝给予不可能的命令的时刻,还是服从了上帝。双重意义上的不可能:首先,不可能性在于,上帝要求他做最坏的事情;其次,不可能性在于,根据一种我们需要再加探讨的举动,上帝将撤回他的命令,可以说是中断和取消它——仿佛上帝已经后悔了、悔恨了、懊悔了。不同于哲学家和本体—神学论的上帝,亚伯拉罕、以撒和约伯的上帝会撤回自己的话。但是,对于这种先于懊悔、后悔、悔恨的撤回的后撤(re-trait),我们不能急于给出更为晚近的名称。

根据《恐惧与战栗》开头处的**第三乐章**,亚伯拉罕于是请求原谅:原谅自己已经尽到对上帝的义务,准备做出最恶的献祭。他请求上帝原谅,原谅自己答应做上帝命令他做的事情。我的上帝,原谅我听从于你——要言之,这就是他说的话。这里的悖论值得我们不断思考。它尤其揭示了双重意义上的秘密的法则,揭示了内在于原谅使命的双重约束。[这一双重法则或双重约束]从不会如其所是地显示自己,但总是让人理解:我不求你原谅我对你的背叛和伤害,不求你原谅我给你造成的痛苦,不求你原谅我对你撒谎、违背誓言;相反,我求你原谅我太过忠诚地听从于你,太忠于宣誓的信仰,原谅我爱你、偏袒你,原谅我选择了你,或让自己被你选择,原谅我已经对你做出回应,已经说出"我在这里"——所以,我求你原谅我牺牲了他者,牺牲了我其他的他者,其他我绝对偏爱的他者,牺牲了我自己的东西、我的亲人、我所拥有的最好的东西、我最好的亲属:在这里是以撒。以撒不仅代表了亚伯拉罕最爱的亲人,也代表了承诺本身;他是承诺之子。① 亚伯拉罕差点牺牲了这个承诺本身,这就是为什么他请求上帝原谅,原谅最坏的事:他答应终结未来,并由此终结为信仰、为宣誓的信仰、为所有契约的忠诚赋予活力(respiration)的一切。仿佛亚伯拉罕在内心深处对上帝说:原谅我偏爱了这个将我与你联系起来的秘密,而不是那个将我与其他他者、与全然他异性联系起来的秘密,因为秘密的爱将我与"一者/一个"(l'un)、也与"他者/其他"(l'autre)、与我自己的东西联系起来。

这一法则将不可原谅的事情和过错本身,重新铭刻在被要求和给予的原谅中心,仿佛原谅者和被原谅者双方都总是要让对方原谅"原谅"这件事本身;仿佛比起必须被作为过错、作为某一[特定]背信而原谅的事情,比起已经如通过腹语术一般,为对于誓信的忠诚赋予声音和行动的事情——仿佛比起这些,背信总是更加古老而顽强。原谅根本无法终结过错,无法消解或赦免过错;原谅只能延长过错。通过让过错永无止境地处于苟延残喘的状态,原谅在自身内部引入了这一自相矛盾、这一难以忍受的自我分裂:自己本身的"自性"(l'ipséité du soi lui-même)的分裂。

下面就是**第三乐章**:

> 那是一个宁静的傍晚,亚伯拉罕独自骑驴上路;他匍匐在地,祈祷上帝宽恕他的罪[换言之,亚伯拉罕没有请以撒原谅,而是请求上帝原谅;这有点像法国主教

---

①Soren Kierkegaard, *Oeuvres Complètes*, op cit., pp. 116 –117. [中译本第7页作"前程远大的孩子"。——译注]

团不请求犹太人原谅,而请求上帝原谅,虽然他们要求犹太人共同体——用他们自己的话说——见证向上帝请求的原谅。在此,亚伯拉罕没有让以撒见证他——亚伯拉罕——向上帝请求的原谅,即他准备给予以撒死亡〕:他愿意献祭儿子以撒,即是说,父亲已经忘记了对儿子的责任。他常常走上人迹稀少的道路,却再也寻不回心灵的平静。他无法悟出他愿意将他的至爱之物——他乐意为之死去无数次的至爱之物——祭献给上帝正是一种罪。而如果这是一种罪,如果他没有如此爱以撒,他就无法理解为什么这种罪可以被宽恕,毕竟,还有更可怕的罪吗?①

在这一文学式的虚构中,亚伯拉罕判断自己的罪是不可原谅的。正因如此,他请求原谅。人们请求原谅的,从来都是不可原谅的事情。人们从来不必原谅可以原谅的事情,这就是我们在这里思考的绝境(aporie):不—可能的(im-possible)原谅的绝境。亚伯拉罕本人判断自己的罪不可原谅——这是请求原谅的条件——他不知道上帝是否已经原谅了他,或是否会原谅他。无论如何,无论被原谅与否,他的罪将始终如此,不可原谅。这便是为什么,上帝的回应归根到底不如人们认为的那样重要。对于亚伯拉罕的无限罪责意识或深深的悔恨,上帝的回应无法带来根本影响。即使上帝在当下给予他原谅,即使我们可以假定,在条件式过去时

---

① 《恐惧与战栗》,前揭,第4页,略有改动。——译注

下,上帝已经给予他原谅;或者假定,在先将来时①下,上帝将会原谅他,将扼住他的手,将派遣天使给他,允许他用公羊作为替代——即使如此,罪的不可原谅的本质也不会改变。亚伯拉罕自己在内心深处绝对无法接近的秘密中,强烈感到这一点。无论就原谅而言发生了什么,亚伯拉罕始终处于秘密中,和上帝一样。在这个乐章里,上帝没有出现也没有说话。②

我的读解根本上不依赖于基尔克果的论述,但我将会把它放在心上。只是,这里有必要再度提及一个绝对准则(axiom)。哪个准则?沉默的约翰尼斯对于亚伯拉罕的断然坚持,对应于《恐惧与战栗——辩证的抒情诗》极富原创性的逻辑、目标和书写。当然,出于接下去会表明的几个理由,我已对几个重大场景做出了暗示:与维珍妮的婚约、与父亲的关系。《恐惧与战栗》和同年以笔名"康士坦丁·康士坦提乌斯"出版的《重复》,都提前(在卡夫卡[《给父亲的信》]之前)涉及了"给父亲的信"——署名是一位用笔名进行发表的儿子。我自己对于秘密的坚持,对应于另一个读解上的决断;我会尝试对后者进行论证。不过,在所有决断之前,有一个始终无可辩驳的事实(*factum*),它是绝对准则的基础。没有人会辩驳:被称为"以撒的献祭"或"被缚的以撒"(Chouraqui译文)的简短叙事中,一个毫无疑问的**事实**是:亚伯拉罕保守了秘密,至少守住了他准备做的事情的真相——关于他知道的事情,但也是关于他不知道、最终永远都不会知道的事情。

---

①条件式过去时表示过去的反实假想,先将来时表示动作在未来某个时间点的完成,相当于英语中的未来完成时。——译注

②Soren Kierkegaard, *Oeuvres completes*, *op cit.*, p.109.

关于上帝的呼唤和独特命令,**亚伯拉罕没有对任何人说一个字**。没有对撒拉,没有对他的亲属,没有对一般人。他没有在任何家庭空间、公共空间、伦理空间或政治空间中揭露或泄露他的秘密。他没有将秘密暴露给基尔克果所谓的一般性。亚伯拉罕恪守秘密、陷于秘密之中;在请求原谅始终不可原谅之事的经验中,他始终守护秘密,也被秘密守护;由此,亚伯拉罕承担了一种决断的责任。但这是一种体现为服从的被动决断(décision passive)①,一种他请求予以原谅的服从——如果我们按照基尔克果的说法,那么首先就是[请求]他要服从的人原谅。

这是对一种双重秘密、双重给予的秘密做出承担责任的决断。第一个秘密:他不能泄露上帝对他的呼唤,也不能泄露上帝在和他单独订立的绝对契约中要求他做出的最大献祭。这是他知道并分享的秘密。第二个秘密——本原的秘密(archi-secret):这一献祭要求背后的理由和意义。对此,亚伯拉罕陷于秘密之中,因为这个秘密始终对他保密。于是,亚伯拉罕陷于秘密之中,不是因为他分享了,而是因为他并未分享上帝的秘密。尽管他事实上被动地陷于这个他和我们都不知晓的秘密之中,他也仍然要承担被动**和**主动的责任、决断性的责任;不向上帝发问;像约伯那样②,不抱怨上帝的命令给他带来的坏事。因此,这个要求、这个

---

① 参见 Jacques Derrida, *The Politics of Friendship*, trans. George Collins, London and New York: Verso, 2005, p.68ff. ——译注

② 参见《旧约·约伯记》。约伯被称为"义人",上帝允许撒旦对约伯进行考验,夺走他的财产和孩子,让他全身溃烂,但约伯丝毫没有埋怨上帝。——译注

考验——这不单是我自己的阐释性假设——至少考验的是亚伯拉罕能多大程度保守秘密:在最恶的献祭时刻、在要求于他的秘密的极端考验中:[也就是]让他亲手给予世上最爱的人死亡,处死承诺本身,处死他对于未来的爱和对于他的爱而言的未来。

二、父亲、儿子和文学

让我们暂时将亚伯拉罕留在那里,回到那个谜一般的祈祷:"原谅不想言说……"某一天,某个读者或许会偶然看到这个祈祷。

这位读者开始自我摸索。他自我摸索,试图辨读这个可能也针对他自己的语句——无论它是否是断片(两个假设都有可能成立)。因为当他发现自己被悬置在困惑中时,这半个语句可能也是他自己对自己说的话。无论如何,它也是针对他的;当他在某种程度上能够阅读或听到它时,[这半个语句]也是针对他的。他无法排除[下述可能]:他重复,而且现在可以无止境地引用的这半个语句,这个"句子的幽灵"——"原谅不想言说……"——是一个诡计、一个虚构,甚至是文学。这个语句显然有所指涉;它是一个指涉。一位法语读者可以理解它的语词和句法结构。这里的指涉过程不可否认或不可化约,但这句祷告的起源和终点/目的,绝对无法在充分而明确的规定性意义上被固定下来。它丝毫没有告诉我们署名人、接收者和指示对象的身份。由于缺乏充分规定的语境,这个语句就具有秘密性质;同时,与之相联系,根据我们这里考虑的连接方式,它也具有成为文学(devenir-littéraire)的倾向。任何文本,如果它一方面被交付给公共空间、相对地可读或可解,而另一方面,其内容、意义、指涉、署名人、接收者都不是充分规定的**现实**——**非虚构**的或

剔除任何虚构的现实,由直观将它如其所是地交给某种确定性判断的现实——那么,任何文本都可以成为**文学性**的。

这位读者于是感到,文学从这个秘密的秘密通道而来——这个秘密同时被保守和揭露,既被小心翼翼地密封,又敞开如一封失窃的信。他预感到文学。他不能排除自己被这些语词麻痹和催眠的可能性:也许他永远无法对这个问题做出回应,甚至无法为这一系列问题进行担保:到底是谁向谁说了什么? 谁似乎在请求原谅不……不想言说,但不想言说什么? 这是什么意思/它想要言说什么? 到底为什么要"原谅"?

所以,这位调查者发现自己已经处在一个[特殊的]处境中:不再是阐释者的处境、考古学家的处境、解释学家的处境,总之,不再是单纯读者的处境——单纯读者可以有许多可辨认的身份:解经家、侦探、档案保管员、文本处理技术员,等等。别的不说,**也许**他已经成为某种文学批评家,甚至文学理论家;无论如何,他是一位被文学俘获的读者,敏感于每个文学团体或文学行业工会都为之烦恼的问题:不仅是"何为文学?""文学何用?"的问题,而且是"文学与意义之间有何关系?""文学与秘密的不可决定性之间有何关系?"的问题。

一切都交付给未来的某种"也许"。这一短句似乎成了文学,因为它掌握着不止一个秘密,掌握着那可能——**也许**、**也许**——**不**[**单**]**是秘密之一的秘密**(*n'en être pas un*),掌握着那丝毫不具有《恐惧与战栗》仍然提及的"隐秘性"的秘密:[这个语句]总体而言所意指的内容的秘密(人们对此一无所知),也是那个它似乎承认而又不揭示的秘密,既然它说"原谅不想言说……":请原谅保守秘密——一个关于秘密的秘密,谜一般的"不想言说/不意味着"的秘密,"不想言说这个或那个秘密"的秘密,"不意味着/不想言说我想说的"（ne-pas-vouloir-dire-ce-que-je-veux-dire）的秘密，或"什么都不想说/什么意思都没有"的秘密。一个双重意义上的秘密，既公共又私人的秘密，它显示于撤回之中，既如暗夜般漆黑，也如现象般显现。

这是文学的秘密、文学和秘密，似乎还要加上一个原谅场景（在仍然不太好理解、但确乎并非偶然的意义上）。"原谅不想言说。"但为什么说"原谅"？为什么要请求原谅"不想言说……"？

这位架空的读者，这位我在此为之代言的、寓言的读者，想知道是否很好地阅读了正在阅读的内容。他试图为这个断片——甚至可能不是一个断片或一句谚语——寻求意义。也许这是个完整的句子，[但]它不想成为格言。这个语句——"原谅不想言说……"——只是悬浮在空中。即便它被铭刻在坚硬的石头上，黑板白字地固定下来，或白纸黑字地写在一动不动的纸上，读取在微微作响的电脑荧屏上（那样的话，它的表现就更轻盈或流畅），这个语句也还是"悬浮在空中"。因为它悬浮在空中，它便保守着秘密，一个关于秘密、关于也许并不[单]是秘密之一的秘密；因为这个事实，它宣告了文学。文学？至少是几个世纪以来我们称为"文学"、在欧洲自称为"文学"的东西；但"文学"不得不处在一个继承自《圣经》的传统之中①，既从中寻求"原谅"的意义，同

---

①在《马克思的幽灵》中，德里达针对继承、遗产的主题有如下论述："我们是继承人，并不意味着我们拥有或接受某个遗产，仿佛它有一天会使我们在某些方面富足，而是意味着：我们自身的存在首先就是继承，不管我们愿意与否、知晓与否。[……]遗产不是一种给予，而始终是一项使命"；继承遗产并不是我们选择的结果，而是我们需要承担的责任。参见 *Spectres de Marx*, Paris: Galilée, 1993, p.54.——译注

时也请求它原谅背叛。这就是为什么,在此我把作为文学秘密的秘密这一问题,铭刻在一个具有亚伯拉罕式起源的、貌似不太可能的标记底下。仿佛**严格而言**,文学的本质(在这个西方语词仍然在西方具有的意义上)根本上承继自亚伯拉罕式的文化,而非希腊文化。仿佛文学的生命食粮是对于不可能的原谅的记忆:如果假定亚伯拉罕式的文化与希腊文化之间有一条边界,那么上述"不可能性"在边界的两侧并不相同。人们不知晓两侧的原谅,人们将它理解为**不—可能性**(如果可以这么说的话),但对于这种不可能性的经验——至少是我的假设——在两侧表现不同。这很可能是不可互译的差异;而我们在此、在下文中所要尝试的,也许正是翻译这种差异。

这个语句悬在空中;在它坠落之前或之后,根据可能发生的坠落的时间,它具有的秘密——也许是没有秘密的秘密——将会是某种流星(météorite)。

这个语句看起来和流星(这个名词[在法语中]既是阴性又是阳性)同样惊人(phénoménale)。这个语句看起来是惊人的/现象性的,首先因为它**显现**(paraît)。它清晰地出现;它甚至是原则性的假说或确定性。它自我呈现,但显现在"空中",不知来自哪里,以看似偶然的方式到来。这是偶然的流星与地面接触的瞬间(根据词源,"contingence"[偶然]也表示触摸、触知、接触)。但这并不就确保一种恰切的读解(根据词源,"pertinence"[恰切]也表示触摸、触知、接触)①。这个语句始终在空中,它属于天空,属于天空

---

① "contingence"源于拉丁语 contingere(落下、坠落),由 con-(与……、共……)和 tangere(触摸、接触)构成;"pertinence"源于拉丁语 pertinēre(倾向于、关于),由 per(完全地)和 tenēre(拿、取)构成。——译注

中的存在。它的居所位于我们呼吸的空气中,甚至当它触摸的时候,它仍然悬置在空中。甚至在它触摸的地方。这就是为什么我称它为**流星**。它始终保持悬置,也许悬置在某个脑袋上,比如以撒的脑袋上——当亚伯拉罕把刀举到以撒头上的瞬间,这时他和我们一样不知道接下来会发生什么,不知道上帝为什么秘密吩咐他做这件事,为什么上帝也许将放任他做、也许将阻止他做这件自己要求他做却丝毫不给出理由的事。这是绝对的秘密,需要在分享/分割中保守的秘密,它关系到一个无法分享/分割的秘密。绝对的不对称性。

另一个与我们更切近的例子——但这真的是另一个例子吗？我想到的是卡夫卡《给父亲的信》最后部分令人震惊的时刻。这封信既不在文学之内,也不在文学之外。**也许**它源于文学,但它无法被文学收编。在这封信的最后几页,卡夫卡虚构性地——这是空前的虚构——给自己写了一封他认为他父亲会**想要**(他父亲**应该**——不管怎么说,他父亲**本来能够**)写的回信。这个儿子说道:"你可以回应","你本来可以回应"(*Du könntest... antworten*)。这声音如抱怨或逆向非难(contre-grief)般回荡:你不和我说话,事实上你从未回应过我,而且永远不会回应我;你可以回应,你本来可以回应,你本来应该回应我。你始终是个秘密,对我而言是个秘密。

包含在儿子的半虚构信件中的这封虚构的父亲回信,加重了非难。(虚构的)父亲不仅指责儿子(因而这是儿子的**自我**指责)是个寄生虫,而且指责他在谴责父亲的**同时又**原谅他,**并**由此宣告父亲的清白。在写给父亲的信中,在借助父亲的虚构之笔写给自己的回信中,弗兰兹·卡夫卡无法看到这个幽灵般的父亲,正如以撒无法看到或理解亚伯拉罕,而后者也无法看到上帝:既看不到他的来临,也看不透他所有这些话的意义。

这个幽灵般的父亲,对弗兰兹·卡夫卡,对这个儿子说了什么?这个儿子如腹语师一般,让父亲在《给父亲的信》最后说话,赋予他声音或允许他说话,但同时也规定他说的内容,让他给儿子的信写一封回信,作为一种虚构中的虚构。(戏剧中的戏剧,"戏剧是唯一的手段"①。在这个关于秘密、原谅和文学的场景中,我们拼读出一种不可能的父子关系[filiations]的系谱[filiation]:以撒的父子关系——他的父亲准备杀了他;哈姆雷特的父子关系——他拒绝国王叫他儿子,也就是他的继父、他母亲的丈夫、他法律上的父亲[当国王叫他"我的孩子"时,他在旁白中回答说:"超乎寻常的亲族,漠不相干的路人"②];基尔克果的父子关系——父姓和与父亲的感情让他极为苦恼;最后,卡夫卡的父子关系——他的文学吐露最终不过是他父亲的诉讼:父亲提起的诉讼和针对父亲的诉讼。当人们不再知道,在绝对的父子之间,谁在书写、谁在为关于呼唤——关于"我在这里!"——的叙事署名之时,文学就开始了。)

那么,父亲借儿子(他仍然是引号的主人)的笔说了什么呢?

---

①"The play's the thing."语出莎士比亚《哈姆雷特》第二幕第二场哈姆雷特最后的台词,即试图通过一出"戏中戏"来获得关于杀父凶手的"确凿"证据。——译注

②参见《哈姆雷特》第一幕第二场,译文引自《莎士比亚全集》(第五卷),朱生豪等译,北京:人民文学出版社,1994,第291页。原文为"A little more than kin, and less than kind"。注意这里"kin(亲属)""kind(亲昵)"和"king(国王)"之间的字面关系。——译注

让我们从他的控诉中挑选下面这些论据,它们的主要母题仍然是卡夫卡那里**婚姻的不可能性**①——因为与父亲的镜像式认同,因为一种既不可避免又不可能的认同性投射。正如在亚伯拉罕的家庭那里,正如在《哈姆雷特》(Hamlet)那里,正如将《重复》(La Répétition)和《恐惧与战栗》联系起来的、[基尔克果]与维珍妮的不可能的婚姻那里,根本问题都是婚姻问题;更准确地说,是"拥有妻子"的秘密。结婚,意味着像[父亲]你那样行为和处世,变得强壮、可敬、正常,等等。我必须这么做,但同时我被禁止这么做;我必须这么做,因此我无法这么做;这便是婚姻的疯狂——基尔克果会说是伦理一般性的疯狂②:

---

①卡夫卡1917年7月与菲莉斯·鲍尔(Felice Bauer)第二次订婚,同年圣诞节解除婚约(第一次订婚是在1914年5月,同年7月解除婚约);1919年夏与尤莉·沃里采克(Julie Wohryzek)订婚,次年夏天解除婚约。1919年卡夫卡写下了《给父亲的信》。——译注

②人们可以就此问题在基尔克果那里追踪出一条很长的轨迹。这里我只提一个特征:对于亚伯拉罕"不可理解"的行为的阐释(基尔克果强调,对他而言亚伯拉罕的行为必然是不可理解的),特别是通过亚伯拉罕的沉默、通过保守的秘密(对周围人保密,尤其是对撒拉保密)而进行的。它的前提是:在这个他律性的结构(l'instance)中,在服从神圣命令和服从与上帝所订立的绝对独特的契约的时刻(l'instant),婚姻关系被打破了。如果一个人始终忠诚于上帝,他就无法结婚。人无法在上帝面前结婚。不过,给父亲的信的整个场景,特别是其中来自父亲的虚构回信(文学中的文学),被刻写在一种对于婚姻的不可能性的沉思中,仿佛那里包含着文学本身的秘密,包含着文学性使命(vocation)的秘密:写作或结婚,二者择一;同时,写作也是为了不因为结婚而发疯。除非人们结婚而避免在写作中发疯。书写的疯狂/疯狂才能书写(fou d'écrire)。

……结婚虽是最伟大的事,并赋予人以最可敬的独立性,但它同时也与你有着最密切的关系。所以要想从这里脱身,是某种接近狂想的东西;几乎每一次尝试都会因而受到惩罚(*Hier hinauskommen zu wollen, hat deshalb etwas von Wahnsinn, und jeder Versuch wird fast damit gestraft*)。[……]我必须承认,如果我有这么一个愚蠢、迟钝、乏味、堕落的儿子(verfallener Sohn),我会受不了的。假如没有别的办法,我会逃走,迁居,就像你在我一旦结婚后想做的那样[我们总已处在一种镜像式的对话关系中,它很快会变成父亲视角中的镜像,弗兰兹马上要假装父亲说话]。你这种想法也参与影响了、促成了我的无能力结婚现象(*bei meiner Heiratsunfähigkeit*)。[……]但最重要的结婚障碍是那已无法消除的信念:对于赡养家室乃至照管家室来说,我在你身上看到的品质缺一不可,各方面的无一例外,就像它们有机地在你身上组合成的那样。[……]结了婚,同时又没有因此而发疯!(*Und jetzt heirate, ohne wahnsinnig zu warden!*)[……]

你若注意看一下我对你畏惧的根由,你可以回答说(*Du könnest... antworten*):"[……]你也拒不承认负有任何罪过和责任,在这方面我们的做法是一样的[卡夫卡因此让他的父亲说:他们互为镜像般行动,做的事是一样的]。我那样坦率地、一如心中所想地认定你单独负有全部罪责,而同时你却打算表现得'特别聪明'和'特别温柔'('*übergescheit*' und '*überzärtlich*'),并宣布我也是无罪的(mich von jeder Schuld freisprechen)。当然后面那点你只是似乎做到了(你的意图也不外于此),而在品质、天性、对立和绝望这些方面,尽管有种种'说法'[你的说话方式,你的说法,你的修辞:Redensarten],但字里行间却透出这么一层意思:我是进攻者,而你干的一切都是自卫。现在你通过不正当的手段(Unaufrichtigkeit)得到的已经够多的了,因为你证实了三点(Du hast dreierlei bewiesen):第一,你是无罪的;第二,我是有罪的;第三,你纯粹出于慷慨胸怀,不仅要原谅我(bereit bist, nicht nur mir zu verzeihen),而且多多少少还想证明,并且想要使自己相信:我也是无辜的(当然这是不符合事实的)。"①

异乎寻常的思索(spéculation);深不见底的镜像关系(spécularité)。这个儿子对**自己**说话;他以父亲的名义对自己说话。他让父亲说话,夺取他的位置和声音,同时借给和给予他话语:你认为我是加害者,但我是无罪的。你通过下面这种方式赋予自己主权:你原谅我,你站在我的位置上请求你自己原谅,然后给予我原谅——以此来对我实施双重、三重打击:谴责我、原谅我、宣告我无罪,为的是最终相信我无罪,而那时你已经用尽

---

①Franz Kafka, «Lettre au père», dans *Carnets*, *Oeuvres Complètes*, t. VII, ed. et tr. M. Robert, Cercle du Livre Précieux, 1957, pp. 208–210. [译文根据《卡夫卡全集》(第八卷),叶廷芳主编,石家庄:河北教育出版社,1996,第278–281页,略有改动。——译注]

一切办法谴责我,此外还要求**我的**无辜(也就是你自己的无辜,因为你认同于我)。但父亲提醒他——实际上是"父之法"通过儿子之口说话(这个儿子则通过父亲之口说话):如果人们只能在认同于犯罪者的情况下做出原谅,人们也就无法**同时**原谅和宣告无罪(innocenter)。原谅,意味着将人们赦免的恶固定为一种无法忘却、不可原谅的恶。由于同一种镜像式的认同,人们无法通过原谅而宣告无罪。人们并不原谅无罪之人。如果有人通过原谅而宣告无罪,他也就犯下了"原谅"这一罪行。给予的原谅和请求的原谅一样错误(fautif);它承认过错。因此,人们在作出原谅时必定是有罪的,所以必定要请求原谅这一原谅。"请原谅,我原谅你":这句话回荡于所有原谅之中,首先是因为它有罪地赋予自己一种主权。但似乎同样不可能压抑相反的一句话:"原谅我请求你的原谅;也就是说,通过[我所]要求的认同,请原谅我让你承担我的过错,承担下述过错的重负:即你不得不原谅我。"造成原谅的这种绝境的原因之一是,人们只能通过镜像式的认同、通过在他者位置上并借助他者的声音说话,才能进行原谅,才能请求或给予原谅。在这一镜像式认同中的原谅不是原谅,因为这不是原谅他者**本身**,不是原谅恶**本身**。

  对于这封给儿子的信的末尾,对于同样是虚构的《给父亲的信》的这个虚构性时刻,我们将不作评论。但也许在其深处,存在着秘密与文学之间核心的秘密通道:原谅的绝境。虚构的父亲决不会撤回的指责、他那绝不对称也绝无镜像的控诉([无法]通过儿子的虚构声音,根据文学所构建的、如乔伊斯笔下的父亲身份一般的"法律上的虚构"①[而形成镜像或对称]),是对儿子寄生生活的指控。这一指控遍布整封信、整个虚构和虚构中的虚构。最终,这个父亲指控的寄生虫,恰恰是文学写作本身。寄生性:这个儿子终其一生都过着寄生生活,他承认自己不可原谅地始终过着寄生生活。他犯下的过错在于写作而不工作;他满足于写作,而不是普通地结婚。在父亲的名义下、在父亲的名义和儿子的名义下(儿子以父亲的名义对**自己**说话)、在以父亲的名义自我谴责的儿子的名义下,这里的一切——这里没有圣灵(除非文学想要在此演绎三位一体)——都在指责寄生性,一切都在指责自己的寄生性。儿子是个寄生虫——正如文学那样。因为这里的被指责方,被要求去请求原谅的被指责方,就是文学。文学被指责是寄生性的;文学被要求承认自身的寄生性、忏悔寄生性这一罪行,从而请求原谅。这一点甚至同样适用于这封虚构信件中的虚构信件。因此,父亲的声音,这个被儿子借用、租借、寄生、书写的声音,就将发出如下控告:"我想不至于搞错,"父亲说(父亲通过儿子的声音说,或儿子通过父亲的声音说),"即使这封信也是你靠我过寄生生活的一个明证(Wenn ich nicht sehr ire, schmarotzest Du an

---

① 参见《尤利西斯》:"说到父亲,斯蒂汾明知无望而仍坚持着说,那是一个不能不要的祸害。[……]约翰·莎士比亚的尸体并未深夜行走。他在一小时又一小时地腐烂又腐烂。他已经解除父亲身份安息了,把那个玄妙地位安排给了他儿子。[……]一个人之成为父亲,如果说是有意识地从事生育的话,那是人类所不知道的现象。世代相传的神权,从独一无二的生身之父到独一无二的子嗣,这根本就是一种玄妙的事态。[……]父子关系也许是一种法律上的虚构。谁是儿子应该爱他,或是他应该爱儿子的父亲呢?"(金隄译,北京:人民文学出版社,1994,第316-317页。)——译注

mir auch noch mit diesem Brief als solchem)"（第 282 页）。

父亲的控告（通过儿子的声音向儿子说话，儿子则通过父亲的声音说话），之前已经展开了有关寄生生活或吸血生活的论述。通过区分骑士式斗争和吸他人血的寄生虫斗争（*den Kampf des Ungeziefers*），父亲的声音指责儿子不仅"生活无能"（*Lebensuntüchtig*），而且对此满不在乎，对这种他律性的依赖毫不敏感，不关心自主性，因为他实际上把责任（*Verantwortung*）推给了父亲。"要有自主性!"这位固执的父亲仿佛如此命令道。这方面的例子，便是整封信的主题——不可能的婚姻：儿子不想结婚，但他指责父亲禁止他结婚，因为"这一结合将予我姓氏以'耻辱'（*Schande*）"，父亲在儿子的笔下说道。所以，正是在"父之名"的名义下——一个被儿子的半文学（quasi-littérature）所僵化、寄生、吸血的名字——这个不可思议的场景被书写下来；这是关于"不可能的原谅"的不可能的场景，关于"不可能的婚姻"的不可能的场景。但是，这封信的秘密在于（正如我们在分析策兰的《托特瑙堡》[*Todtnauberg*]①时表明的那样），不可能的事情——不可能的原谅、"不—可能"的契约或婚姻——也许已经像这封信本身那样发生了，发生于这个被称作《给父亲的信》的事件所具有的诗性疯狂之中。

---

①保罗·策兰在 1967 年 7 月 25 日造访了位于托特瑙堡（Todtnauberg）的海德格尔庄，之后写下了题为《托特瑙堡》的诗作。德里达的分析可参见 Jacques Derrida, «To Forgive: The Unforgivable and the Imprescriptible», trans. Elizabeth Rottenberg, in *Questioning God*, ed. John D. Caputo, Mark Dooley, and Michael J. Scanlon, Bloomington: Indiana University Press, 2001, pp. 36 – 38.——译注

文学将如流星一般；如秘密一般。人们称流星为一种**现象**，它是光芒中的显现，或是在一种光的 phainesthai（闪耀、显现）①中的显现；它在大气中生成。犹如一种彩虹。（我从来不大相信人们认为彩虹所具有的意义②，但就在不到三天前，当我先从巴勒斯坦、再从耶路撒冷回来时，我没法不注意到特拉维夫机场上空的彩虹；不久后，极其例外地，几乎前所未有地，这座城市被鹅毛大雪覆盖，大雪把它和世界其他部分隔离开来。）流星的秘密：人们说，当流星进入大气层时会发出光芒；人们不知流星从何而来，但不管怎么说，它来自另一个如今与之脱离的物体（corps）。于是，流星般的事物，必定短暂、快速、转瞬即逝。也就是说，它悄悄地如闪电般划过并消失，也许像一个小偷般有罪而隐秘。它和我们

---

①参见德里达《马克思的幽灵》："现象学的自我（我、你等）是一个幽灵。phainesthai 本身（在它被规定为现象或幻觉，因而是幽灵之前）是幽灵的可能性条件；它带来死亡，它给予死亡，它在哀悼中运作。"（Spectres de Marx, op. cit., p.215.）另外，在 1999 年的一次广播对谈《关于现象学》中，德里达说道："所谓现象，指的不仅是事物的现实，而是指在显现过程中，事物本身的'显现'（phainesthai）将事物的现实放在光亮、可见性之中。我论述现象的时候，说的不是所谓现象彼岸的物自体，而是那如其所是地对我显现、对这个'我'显现的东西。［……］phainesthai 指的就是事物如其所是地在光亮中显现的现象的闪耀。"（デリダ『言葉にのって——哲学のスナップショット』所收、森本和夫訳、ちくま学芸文庫、111‐112 页。）——译注

②参见《创世记》9:12‐16："神说：我与你们并你们这里的各样活物所立的永约是有记号的。我把虹放在云彩中，这就可作我与地立约的记号了。我使云彩盖地的时候，必有虹现在云彩中，我便纪念我与你们和各样有血肉的活物所立的约，水就再不泛滥毁坏一切有血肉的物了。虹必现在云彩中，我看见，就要纪念我与地上各样有血肉的活物所立的永约。"——译注

仍然悬在那里的语句一样简短("原谅不想言说……")。时间的问题。几乎是瞬间的问题。流星的生命总是过于短暂:闪电的时间、雷鸣的时间、彩虹的时间。人们说,打雷时的闪电和彩虹都是大气现象;下雨也是。容易想见,上帝、甚至是亚伯拉罕的上帝,会如流星般向我们说话。他如下雨一般、如流星一般垂直降到我们这里——除非他通过中止下降、打断下降运动而降临。例如为了向我们说:"原谅不想言说……",不是上帝自己这么说,或想借此自我撤回,而是:这是"上帝之名"也许想对我们说的话/对于我们的意义。

在此,那位架空的读者再度登场,他正在工作,试图破译这个语句的意义,这个不传达任何内容的消息的起源和去向。这个消息当前是秘密的,但它也透露说,有个秘密将会被保守。而我们注视着的这个读者,这个正在工作的人,这个无限的读者、阅读无限性的人,他想知道:这个关于秘密的秘密,是否会**承认**(avoue)文学。

但是,为什么要在这里谈到承认和原谅?为什么文学必须被承认?为了它所不展现的东西而必须被承认?文学本身?为什么是原谅?在此,为什么要求原谅,哪怕是虚构的原谅?因为那个流星中有"原谅"一词("原谅不想言说……")。原谅与文学的双重根底的秘密有何关系?

要是认为原谅——假定它是垂直的——总是自下而上的请求或自上而下的给予,从非常高的地方下到地上,那就错了。如果公开忏悔的场景和被请求的原谅如今频繁可见,如果它们有时看起来颇为新颖——来自国家的顶端,来自国家首脑或元首,有时来自教会、国家或民族国家的最高权威(法国、波兰、德国;梵蒂

187 冈倒还没有)——那么这件事并非没有先例,虽然在过去很少见。例如狄奥多西大帝的忏悔之举①(遵从圣安布罗斯的命令)。② 上帝自己似乎也不止一次作过忏悔,表达过懊悔或悔恨。他似乎改变主意,指责自己做了坏事,撤回说过的话,并保证决不重蹈覆辙。他的举动至少**类似**于请求原谅,类似于坦白,类似于一种和解的尝试。仅仅提一个例子:耶和华不是在大洪水之后反省了自己的过错吗? 他不是改口了吗? 他不是如请求原谅一般表示后悔了吗? 事实上,当他面对挪亚献给他的燔祭牺牲,闻到献祭的动物飘来的怡人香气,他就后悔于自己说出的诅咒之恶。这时,他放弃了已经做出的恶,放弃了之前的诅咒。他说道:

> 我不再因人的缘故**咒诅**地(人从小时心里怀着恶念),也不再按着我才行的,灭各种的活物了。地还存留的时候,稼穑、寒暑、冬夏、昼夜就永不停息了。(《创世记》8:21-22)

188 在另一个译本中,需要再次强调"*malédiction*"(诅咒)一词,在这个

---

① Empereur Theodosius le Grand,又称狄奥多西一世,是公元4世纪的罗马帝国皇帝,曾于统治期间禁止一切异教而树基督教为正统。因针对赛萨洛尼基市民的叛乱展开屠杀而被大主教圣安布罗斯谴责,之后狄奥多西在米兰的主教堂里进行了忏悔。——译注

② 圣奥古斯丁在《上帝之城》中认为此举"惊人"(*mirabilius*)。参见 Robert Dodaro, «Eloquent Lies, Just Wars and the Politics of Persuasion: Reading Augustine's *City of God* in a "Postmodern World"», *Augustian Studies* 25, 1994, pp. 92-93.

用于"*maudire*"（诅咒）的词后面，紧接着会出现"bénédiction"（祝福）一词。追随上帝，看他做了什么、说了什么。坦白过去的诅咒、保证不重蹈覆辙之后，简言之，在内心深处秘密地如自言自语般请求原谅之后，耶和华将说出祝福。这一祝福将是一个承诺，因而就是一份契约的誓信。不仅是上帝与人的契约，也是与动物、与所有生物之间的契约。而今天，每当我们屠宰或虐待动物时，我们就忘却了这份契约。这份契约的承诺或誓信呈现为一条彩虹，也即一颗流星，我们仍然需要对此进行思考：它始终涉及秘密的踪迹，涉及秘密的经验与流星/大气现象的经验的关联。

> 我不会再因为人[亚当]而**诅咒**这片大地：是的，人心的构成自幼就是恶的。我不会再像之前做过的那样打击所有生物。只要大地存在，播种与收获、冷与热、夏与冬、昼与夜就不会止息。①

所以，上帝保证不再做已经做出的事情。他已经做出的事情，已是罪行之恶，决不再重演的恶，因而是需要被原谅、哪怕是由上帝自己来原谅的恶。但可以自己原谅自己吗？

这是一个重大的问题。如果上帝请求原谅，他能请求谁的原谅？对于**上帝**，谁能原谅他做过的事情，犯下的过错（"什么"的问题）？或者，谁能原谅**他**、他自己的过错（"谁"的问题）？除了上帝自己，谁能原谅他或他做的事？我能请求自己的原谅吗？但

---

①《创世记》8：21 − 22，tr. Chouraqui, p. 30. ［译文根据法语引文译出。——译注］

是，既然据说我似乎必须充分地认同于他者、认同于受害者，必须在知道我自己在说什么的前提下请求原谅，必须自己**站在对方的位置上体验我对他犯下的恶**——既然如此，我还能请求他者的原谅吗？甚至当我请求[他者]原谅的时候，也即更加背叛他、延续这种背信（而背信已然包含在誓信中了）、延续不忠诚本身的时候，我仍然在犯下对他的恶。[既然如此，我还能请求他者原谅吗？]这个关于请求的问题，这个关于被请求的原谅的祈祷，在文学的边缘寻找着自己难以寻觅的位置，在儿子写给父亲的信中——也是父亲写给儿子的信、儿子写给儿子或父亲写给父亲的信中——那种"换位"的替代那里，寻找着自己的难以寻觅的位置。

人们可以请求自己以外的人原谅吗？可以请求自己原谅自己吗？

这是两个同样不可能的问题：它们是上帝**的**问题（"谁"的问题），上帝之名的问题，上帝之名的意义问题（"什么"的问题）；我们谈论的关于原谅的问题，分裂为[原谅]"谁"和[原谅]"什么"。但这一分裂也提前使"谁"和"什么"之间的区别，使这一不可能的分割丧失地位、土崩瓦解。

对于这两个问题，我们总是要[同时]回答"是"也"不是"，既非"是"也非"不是"。

三、多于一

"原谅不想言说……"

这是自我原谅吗/这可以被原谅吗(Est-ce que cela se pardonne)？对于说法语的人,在没有别的上下文的情况下,如果他想知道"se pardonner"(被原谅/自我原谅)的意思,那么(如果可能的话)他就要思考这里的语法,思考这句含混的、带有两种或三种可能性的"se pardonner"。首先——但这个可能性是次要的——它可以是一种非人称被动态的表达方式:"这个过错被原谅(cette faute se pardonne)"就是指"人们原谅它""它被原谅""人们可以原谅它"("它被原谅了""它是可原谅的"①)。我们更感兴趣的是其他两种可能性,即两者之间的相互性和/或自己对自己的自返性:"相互原谅"和/或"自我原谅"。这是由两种句法标示的可能性和/或不可能性,而每种句法都以自身的方式保持着认同作用(identificatoires)和镜像作用。稍微换一下表述,或可将这里的问题称为一种关于原谅的思辨性(spéculative)语法。

在命运的轨迹/朝向目的地的轨迹(trajet destinal)中,经历了

---

①这两句话的原文为英语:it is forgiven, it is forgivable.——译注

这一原谅谱系的一切所有格和一切署名,卡夫卡如何把**来自**父亲的信刻写在**给**父亲的信中?刻写在卡夫卡父亲**的**给儿子的信中——而这个儿子也是写给卡夫卡**的**父亲的信的署名人?毫无疑问,这封父亲给儿子的信,也是儿子给父亲的信、儿子给儿子的信、一封(给)自己的信,其关键之处始终是作为自我原谅的对于他者的原谅。[这封信]是虚构的、文学性的、秘密的,但未必是私人性的;它没有保留地保留在儿子和儿子自身之间。但是,由于封存在内心深处,封存在儿子的秘密中(至少封存在写字台[secrétaire]里)——这封秘密的信来自一个儿子,他对自己写作,为的是和那个**是**他父亲的人无所交换地交换这个深渊般的原谅(事实上,以这一不可思议的原谅场景为前提,那个人**成为**他的父亲并承担这个名字)——这封秘信只有暴露成为公开的、可发表的文字,成为可传承的档案,甚至是继承现象(或卡夫卡不会销毁的遗书)之后,才能在字面意义上成为文学。以撒的献祭中没有见证人,或唯一活下来的见证人就是儿子[以撒],即一个被上帝选中的继承人,他将看到父亲向他举起刀时痛苦的表情——正如以撒的献祭那样,所有这些恰恰通过遗产所留下的踪迹、一条始终可辨识又不可辨识的踪迹而到达我们这里。不论出于算计或是无意识的轻率,这条留下的踪迹、这份遗产也有机会或风险变成文学资料体(corpus)里的遗嘱话语,由于这种遗弃而变成文学。这种遗弃本身被不确定性、因而被秘密——被起源和终点/目的、目的地和收信人、指示的意义与指示对象(甚至在悬置状态下仍然发挥指示作用的指示)的"destinerrance"(彷徨命运/无法到达目的地)——遗弃给它[自己]的漂流(dérive)。所有这些都属于一个文学资料体,它与儿子和/或父亲的署名一样不可确定,与无所交流地自我交流/相互交流的声音和行为一样不可确定。（像亚伯拉罕那样，卡夫卡的"真实"父亲也许毫不理解儿子，从儿子那里什么也没得到、什么也没听到；他也许比所有提到的动物［bêtes］还要"愚蠢"［bête］——也许只有驴和羊思考并看到了所发生的事，发生在它们身上的事；也许只有它们通过自己的身体知道［发生了什么］，而当［男］人们自我原谅或相互原谅时，它们就要付出代价。确实，我说了"hommes"［男人］而非"femmes"［女人］——我们会谈到女人如何、为何始终要被"娶走"；在这些父子原谅的场景中，女人明显地缺席了，醒目地被忽略了。）因此，［文学］资料体和原谅（指明的、请求的、指明后就被给予的原谅）的无所交换的交换一样不可确定；这一原谅如此原初、先验而自动（automatique），总之如此自恋，以至于我们想知道它是否真的发生过——在文学之外发生过。文学性的或虚构的原谅还是原谅吗？要不就是：最实际的经验，请求或给予的原谅的具体持续，将［自己的］命运——从它成为秘密的假定（postulation）的一部分起——确保在诗的隐秘（cryptique）赠予之中，确保在文学暗号体内，就像我们之前提到的、《托特瑙堡》那里海德格尔和策兰之间的原谅场景一样。这样的话，原谅就将是诗歌，是诗歌的赠予。它不必被请求。和人们通常认为的相反，原谅就其本质而言，必定不是对请求的回应。

在"相互原谅/自我原谅"中，在《给父亲的信》的思辨性语法中，我们看到一种同时被请求和给予的原谅的场景——请求自己原谅、给予自己原谅。在原谅的考验中，在原谅的本质或"成为原谅"的过程中，这一点似乎同时被要求和禁止，既不可避免又不可能，既十分必要又无关轻重。如果有一个关于原谅的秘密的秘密,它便在于:它似乎注定既始终保密又(作为秘密)自我显现,但同时也通过镜像式的认同而成为对自己的原谅,自己对自己的原谅,"se pardonner"的含混性所体现的原谅,自己请求自己、自己给予自己的原谅;同时也由于这种自恋的自返性而变得无效、没有意义。因此,危险便来自这种扬弃了的、扬弃性的(relevée et relevante)①特质,来自这种 Aufhebung——为赏其味,我们要引用另一个文学文本,它恰恰通过烹饪与风味的符码(code)来为思辨性观念论的符码调味。这个文本便是《威尼斯商人》:"when mercy seasons justice"(慈悲调剂着公道)。我们只应向他者、向全然他异者、向无限他异和不可化约地他异的[他者]请求原谅,我们只应向无限他异的他者——既被称作"上帝"又排斥"上帝"(自我原谅、"se-pardonner"的另一个名字)——请求原谅。

我们已经指出:大洪水之后,上帝撤回了自己的话(不说是上帝的忏悔吧),他通过这一后撤运动反省自己做的事。由此,他不仅回顾了**对人做出的恶**——确切而言,是对人这种特殊造物做出的恶:人一开始就心存恶意,其至上帝的重罪(即大洪水)已然意味着一种惩罚和回应,它是对造物的肉体、作为肉体的造物之中的恶作出相应惩罚的回答。另一方面,人内心的恶必已促使人赎罪、请求原谅:正所谓以礼还礼,原谅也要还以原谅(pardon contre pardon)。上帝的撤回前言、他不再重蹈覆辙的承诺、不再行恶的承诺,远远超越了唯一被谴责为恶意的人类。上帝的自我撤回,针对的是**一切生物**。他在自己面前撤回前言,对自己说话,但主题

---

① 德里达用"relever"(抬高、收集、解除、免除)翻译黑格尔的"*Aufhebung*"概念,而该词还有"强调""调味以使味道更浓"等义。——译注

涉及一切生物、涉及一般意义上的动物。而他马上要承诺的契约,是他对于一切生物的约定。

我们在此无法说深入考察下列(语义上和解经上的)重大问题:上帝对于前言的撤回、他对于自己和他的造物的回顾、所有反思和记忆的活动(它们让上帝回顾他没做好的事情,仿佛他既是有限的又是无限的——这个传统可以追溯到艾克哈特[Meister Eckhart]、波墨[Jacob Boehme]、黑格尔,等等)。不能急于将这些自我回返翻译为"后悔""悔恨"或"忏悔"(尽管这么做的诱惑很大,或许也是正当的)。让我们仅仅思考一下重复的运动、撤回的撤回,思考一下这种忏悔的忏悔,可以说它包含了上帝与挪亚及其子孙、与动物订立的契约。在上帝的两次回顾、两次撤回之间,在引发大洪水的"撤回前言"和中断大洪水的"撤回前言"之间,在上帝的两次忏悔般的行为之间,可以说挪亚被原谅了两次。他两次发现恩典。仿佛父子之间的契约(Alliance)只有通过重复、通过双重的回归(re-venir)、通过后撤或撤回的回归,才能得到确证——并且我要强调,决不能把将来某种心理学、神学或教义学投射在后悔、悔恨或忏悔上面的特性搬到这里。除非后面这几个概念——在它们没有根基的根基那里——依赖于上帝的自我回返,依赖于一种与自己的合约(contrat)、一种上帝以此自我收缩以回归自身的契约。于是,契约(Alliance)的不对称合约的前提,似乎就是这种回撤(德语中的 *Entzug*)的双重特征、上帝加倍的撤回前言/再次商谈(ré-tractation)。

因此,如果我们要解读的文本看起来**意味着什么/想要说什么**(但它们真的想说吗/有意义吗? 或者,它们会请我们原谅它们不想说/没有意义吗),那么,也许我们应该在任何信条之前、在任何赋予它们身份规定的委任（accréditation）之前，就听到这一内容。[这里的"身份规定"指的是：将这些文本规定为]启示话语、神秘话语、空想的产物、征兆、哲学之知的寓言、诗性虚构或文学虚构，等等。也许正是这个最小的假定、这个名义的定义，应该连接到我们之前提到的"绝对准则"：这种撤回前言或所谓"忏悔"的能力，在这里被命名为"上帝""耶和华""主""YHWH"，等等。[自我]回想的能力属于"上帝"——回想自己未必做好了的事情、不完美的事情、未必没有过错或纰漏的事情。这是"上帝"的故事/历史。另一方面，即便我们始终满足于分析继承下来的语词和概念的语义，即分析遗产本身，也很难想象哪一种撤回前言的行为不含有（至少潜在地、以公开承认的姿态）对于原谅的请求。

但是，上帝请求谁的原谅？在此只有两种可能的假说，它们适用于任何一种原谅：他可以请求他者的原谅，或请求自己的原谅。诚然，这两种可能性始终不可化约，但两者归根结底是一回事。如果我要求他者原谅，要求我所犯过错的受害者原谅——因而他也必定是某种背叛或背信的受害者——那么，通过撤回前言的过程，我至少潜在地将自己认同于这个他者，而由于前言的撤回，我自己也感到痛苦（m'affecte），自律或他律地使自己感到痛苦。因此，在撤回前言的过程中，原谅总是对自己的请求，一如对他者的请求、对另一个自我的请求。在此，上帝潜在地向他的造物请求原谅他的过错，请求他的造物一如请求他自己原谅他的过错：他将人创造为内心恶意的造物——我们会听到，这首先意味着充满欲望的（男）人、臣服于两性差异的（男）人、喜欢女人的男人、被**娶妻**的欲望驱使的男人。无论如何，在从中看出任何身份或价值之前,在相信或不相信之前,这个祖传文本给予了这么一种解读:原谅是上帝**的**故事/历史。它以上帝之名写下或传播。原谅是上帝通过人而与上帝[自己]订立的契约。它通过人的身体而发生,通过人的错误(travers)而发生,通过人的恶或缺点而发生——而这正是人的欲望,也是上帝**的**原谅场所,根据这个所有格的谱系、遗产继承、父子关系[:"上帝给予的原谅"或"对于上帝的原谅"]。原谅是上帝**的**故事/历史,是上帝与上帝之间的事情,我们人类发现自己处于两端中间——这么说不是为了提供理由或方式,让我们把问题打发掉。至少我们要认识到,一旦人们说出或听到"原谅"(例如"原谅不想言说……"),那么上帝就在其中了。更准确地说,上帝之名已经在其中低语了。相对地,一旦人们说"上帝",我们中间就有人正在低语"原谅"。(尽管这则轶事对我在此提出的论述并不关键,我还是想说一下:有一天,在某个论文答辩会席上,列维纳斯以悲伤和反讽般的抗议口吻跟我说:"现在人们说'上帝'的时候,差不多都得请求原谅或道歉:'上帝',请原谅我这么说……")

神性的撤回前言的第一个时刻是:人在大地上大量繁衍之后,上帝看到了他们的欲望。没有说上帝嫉妒人,而是说他看到人充满欲望。上帝对于前言的撤回,始于他看到人的欲望,看到他要为创造欲望负责。他注意到,(男)人们"看见人的女子美貌,就随意挑选,娶来为妻"(《创世记》6:2)。在 Chouraqui 的译本中,他们娶那些"姣好"(bien)的女子。

像通常那样,欲望产生过错。欲望就是过错。因此,它支配着忏悔和原谅的逻辑。看到男人将女人占为己有,看到他们**娶妻**(就像《给父亲的信》那样,原谅的场景一如背叛和背信的场景,围绕"娶妻"而展开),上帝说道(但对谁说?所以是对**自己**说):"人既属乎血气,我的灵就不永远住在他里面,然而他的日子还可到一百二十年。"(《创世记》6:3)

根据 Dhormes 的译本,上帝"懊悔"了(Dhormes 还严肃地标注:第二、四、六章的叙事充满了"神人同形论");Chouraqui 的译本用的则是"后悔"一词。他们翻译的那个词,我在耶路撒冷听人说,意思接近于"自我宽慰";上帝回到过去,以自我宽慰的方式进行哀悼。像多数其他场合一样,这个词与挪亚的专名有着词源上的相似性①。但是,尽管"懊悔"和"后悔"有些微差别,两种翻译都以同一个表述写道:挪亚在耶和华的眼里看到了"恩典"。上帝后悔或忏悔了自己犯下的恶,即把人创造为恶意的造物;于是,实际上他决定毁灭人这一物种,决定在地上消除一切生物的痕迹。他因此将屠杀性的灭绝拓展至所有生物、所有造物,除了挪亚这个恩典的例外,还有他的亲属和每种动物里的一对:

> 耶和华见人在地上罪恶很大,终日所思想的尽都是恶。耶和华就**懊悔**(*se repentit*)造人在地上,心中忧伤。耶和华说,我要将所造的人和走兽,并昆虫,以及空中的飞鸟,都从地上除灭,因为我造他们后悔了。唯有挪亚在耶和华眼前蒙恩。以下是挪亚的后代。(《创世记》6:5-8 [根据德里达引文改"后悔"作"懊悔"])

---

① 参见《创世记》5:28-29:"拉麦活到一百八十二岁,生了一个儿子,给他起名叫挪亚,说:这个儿子必为我们的操作和手中的劳苦安慰我们。"——译注

在此，我们不必再把 Chouraqui 的译文也引一遍，只需提到：Chouraqui 的译本用的是"后悔"和"我后悔了"，而不是"懊悔"和"我懊悔了"——但对于挪亚的命运，两个译本都用了"grâce"（恩典）一词。

不管如何阐释这个场景的逻辑，无论就解读行为而言，还是就呈现给解读的[文本]而言，我们始终徘徊于正义和堕落之间。挪亚在上帝眼里看到恩典，我们知道它的结果，但是否有权将它翻译为"原谅"？在我看来，似乎没什么妨碍。上帝原谅了挪亚，只原谅他一个人，还有他的亲属和每种动物里的一对。通过以如此可怕的方式限定他的恩典，上帝要惩罚和毁灭地上所有其他生命。但是，他施行这场几近绝对的全灭性大屠杀（pangénocide），是出于一种后悔的冲动，他要惩罚那简单来说由他自己造成的恶：他创造了人这种内心险恶的造物。仿佛他由于自己的过错、由于造物内心的恶（即欲望），因而无法原谅人和其他生物；但正是他自己犯下过错，将恶放在造物内心。简言之，他似乎同样无法原谅自己做出的错事、犯下的恶：即创造了人的欲望。

如果人们仍然想知道，既然上帝后悔于自己难以宽慰的错事、坏事（mal-fait），他为何、如何让自己恩赐挪亚及其亲属，同时惩罚其他生物，那么我们就要考虑这一判决的两个理由。一方面，原文紧接着说，挪亚是"义人"。如果他因正义而被恩赐，而且上帝承认他是义人，那么这相当于说挪亚比上帝自己还要正义——不是那个承认他是义人的上帝（为此他自己必须是正义的），而是那个仍然后悔于他难辞其咎的恶、难以自我原谅之恶的上帝。**仿佛**（我有意经常用"仿佛"一词，仿佛我不想说我说出的话——而这将是启示进入文学的入口），仿佛上帝通过紧接着与挪亚订立协约或契约,请求挪亚原谅或在挪亚面前请求原谅。另一方面,上帝恩赐方舟上的动物伴侣,没有终结他对于生命和繁衍的承诺①;因此,上帝不仅仅恩赐了挪亚、其亲属和每种动物里的一对。在对挪亚的裁断(justice)中,上帝通过典型而恩赐将来的生命,他愿意拯救这一生命的将来或重生。关于这个不可思议的恩赐达成的契约,很难知道它究竟是谁和谁的契约,以谁或什么的**名义**订立的契约。

是的,这一惩罚、恩赐和契约,是**以谁或什么的名义**做出的?表面上看是上帝与挪亚及其亲属直接做出的。但上帝惩罚和恩赐,为的是通过**让自己**被原谅而**自我**原谅,为的是后悔自己犯下的恶并恩赐他自己。于是,在上帝以挪亚之名的名义下,上帝借助挪亚的换喻而给予自己恩赐;这一恩赐典型地延伸开去,以换喻的方式延伸至一切生命,一切将来、再—来(re-venir)的生命。事实上,就在大洪水之前,上帝后悔于造物的恶之后,对挪亚说:"我却要与你立约……"(6:18)义人挪亚那时六百岁。在命他登上方舟的时候,上帝会对他说:"我见你在我面前是义人"(7:1)。订立契约的瞬间,就在这大深渊般的四十天内。② 这个瞬间被宣

---

① 参见《创世记》1:22:"神就赐福给这一切,说:滋生繁多,充满海中的水,雀鸟也要多生在地上。"1:28:"神就赐福给他们,又对他们说:要生养众多,遍满地面,治理这地。也要管理海里的鱼、空中的鸟,和地上的各样行动的活物。"——译注

② 参见《创世记》7:11-13:"当挪亚六百岁、二月十七日那一天,大渊的泉源都裂开了,天上的窗户也敞开了。四十昼夜降大雨在地上。正当那日,挪亚和他三个儿子,闪、含、雅弗,并挪亚的妻子和三个儿妇,都进入方舟。"——译注

布和承诺在大洪水的开端,而它还会被重复和确认:当挪亚在祭坛上安排"燔祭"(Dhormes 的译本作"holocaustes",Chouraqui 的译本作"montées")时,上帝宣布——当然不是后悔,而是承诺不再重蹈覆辙——他不会再因内心险恶的人类而诅咒大地,宣布他不会再打击每个生物。通过赐福挪亚及其儿子,上帝确认了契约或协约,但也确认了人对于所有生物、对于大地上所有动物的权力。仿佛契约和深渊般的原谅同时联系着人对其他生物的主权。**恐怖**的主权:其恐怖既被人感到,也被人施加,令其他生物遭受痛苦。所有这些,都包含在那个"按照自己的形象"(Dhormes 的译本作"à son image",Chouraqui 的译本作"réplique")造人的上帝的镜像作用(spécularité)中。

神赐福给挪亚和他的儿子,对他们说,你们要生养众多,遍满了地。凡地上的走兽和空中的飞鸟,都必惊恐、惧怕你们。[Chouraqui 的译本作:"你们的颤抖、惊愕,会施诸地上所有生物。"而 Dhormes 在注释中明确道:"'你们会引起的不安和恐惧'字面意思是'你们的不安和你们的恐惧'。"仿佛要引起恐怖,只能首先感受并分享恐怖。]连地上一切的昆虫并海里的鱼,都交付你们的手。凡活着的动物,都可以作你们的食物,这一切我都赐给你们如同菜蔬一样。唯独肉带着血,那就是他的生命,你们不可吃。流你们血害你们命的,无论是兽、是人,我必讨他的罪,就是向各人的弟兄也是如此。凡流人血的,他的血也必被人所流,因为神造人,是照自己的形象造的。你们要生养众多,在地上昌盛繁茂。(《创

世记》9:1—7)

202 于是,通过他与人及所有生物订立的契约,上帝保证不再**做恶**。他要使得"不再有洪水毁坏地了"(9:11)。但为了避免错事或大罪,他需要一个备忘录、世上的一个记号、一种记忆术,而不单是一种生动的、自我触发的记忆,不单是记忆的自发性。这一记号便是流星般的彩虹:"虹必现在云彩中,我看见,就要纪念我与地上各样有血有肉的活物所立的永约"(9:16)。(Chouraqui 的译本作:"我会记得我的协约。")

紧接着(《创世记》9:22),我们注意到:含看到他父亲[挪亚]的裸体,并把这件事告诉了他的两个兄弟。这一连串事件是偶然吗?我们一直在不断复述的寓言,所有历史/故事在时间上的省略笔法,同时也是父亲的裸体。在许多世代之后,当这一契约在亚伯拉罕这里更新时,它依然发生在两个时间之间,发生在至高的考验之前和之后。首先,第一个时间,上帝通过命令亚伯拉罕做完美的义人而宣布与他立约(17:1—2);第二个时间,在以撒的献祭之后,上帝确认了这一契约:他**起誓**会赐福亚伯拉罕,让他子孙多起来(22:16—18)。让我们跳过众多原谅和恩典,比如亚伯拉罕为索多玛请求的原谅(18:22—23)。让我们跳过众多誓约,比如[亚伯拉罕]在别是巴与亚比米勒订立的契约,就在以撒献祭

203 的考验之前,以上帝之名订立的契约(21:22—33)。虽然有过快之嫌,但让我们回到我起初所谓的"绝对准则"那里。

这一准则迫使我们提出或假定一种秘密的请求:它是上帝所要求的秘密,它是提议或承诺契约者所要求的秘密。这个秘密的

意义不在于隐藏什么,如基尔克果似乎认为的那样。在上帝加给亚伯拉罕的考验中,通过不可能的命令(对此,可以说双方都得被原谅)、通过打断献祭(它类似于另一种恩赐,类似于对保密的回报),[可以说:]对于暗中要求的秘密保持忠诚,根本而言并不涉及需要隐藏的内容(献祭的命令等),而涉及与上帝面对面时的纯粹独特性,涉及这种绝对关系的秘密。这个秘密没有任何内容,没有任何需要隐藏的意义,除了秘密的要求本身之外不带有任何其他秘密,也即呼唤者与回应者("我在这里")之间关系的绝对排他性;这是呼唤和回应的条件——如果存在条件的话,如果存在纯粹条件的话。对亚伯拉罕而言,从那时起世上已无神圣之物,因为他已做好牺牲一切的准备。因此,这个考验是对世界的一种绝对的去神圣化。由于秘密本身不再有内容,人们甚至不能说需要保守的秘密是神圣的,甚至不能说它是仅剩的神圣性。就算人们可以不得已地称这个秘密是"祝圣的(saint)"(在"分隔"的意义上),它也不是神圣的。(如果文学——正当地具有这一名称的现代事物——将祝圣或神圣的经书"去神圣化"或"世俗化",它便重复了以撒的献祭,将它赤裸裸地敞开并传达给世界。)仿佛上帝对亚伯拉罕说:不要对任何人提到它,不是为了让任何人都不**知道**它(事实上,这不是一个关于**知**的问题),而是为了我们之间没有第三者,没有基尔克果所谓伦理、政治或法律的一般性。让我们之间没有第三者,没有一般性,没有可计算的知识,没有附带条件的考虑,没有假设,没有假言命令,从而使这一契约在[上帝的]选择中,成为绝对的、绝对独特的契约。你要保证不向任何人公开这件事。(今天人们会说:你不要跟任何人说,不要信任你的家人,不要对你爱的人、你的亲属或朋友开诚布公,哪怕他们是你最亲密的人,不要让你绝对的知己、神甫尤其是你的精神分析师怀疑任何事情。)如果你说了,你就背叛、背信、欺骗了我们之间的绝对契约。你要忠诚,必须忠诚,为此不惜一切代价,在最坏的时刻和最糟的考验中也要如此,哪怕你要为此处死世上最珍爱的人,处死你的儿子——事实上也就是处死未来本身,处死承诺的承诺。为了让这一要求具有考验的意义,处死以撒不能是神圣命令的真正对象。再说,就算这个孩子在献祭中被给予上帝,上帝对他的死又有什么兴趣呢?这绝不会是上帝会说或想说的事情。所以,处死以撒仅仅是次要的。这一点让这件可能发生的事变得更为残酷。不论如何,[处死以撒]不再是要隐藏的事情,不再是要保守的秘密。它没有任何意义。而一切都取决于对意义的中断。上帝的命令、要求、请求,他的威严性祈祷仅仅传达给亚伯拉罕,为的是考验他的忍耐,将他置于绝对独特的呼唤的考验中。这里的问题仅仅关乎亚伯拉罕的决意,关乎他的消极而积极的诺言:"无法想要言说",在最坏的条件下也依然保守秘密,因而是无条件地保密;与上帝订立一种无条件的独特契约。仅仅是为了负责任地做出回应,回应由呼喊所约束的共同责任。这是无条件的爱的考验,也就是两个绝对独特性之间的无条件誓信的考验。

为此,必须什么都不说,而且所有这一切——归根结底,在这一根底的无底深处——必须什么意义都没有/什么都不想说。"原谅不想言说……"总之,需要保守的秘密必定在根本上没有对象,除了无条件的绝对契约,[也就是]亚伯拉罕及其继承者与上帝之间的疯狂的爱。[亚伯拉罕的继承者——]他的儿子和他的名字。

然而,在他的继承者那里,对契约进行确认、解读、翻译的遗产——遗嘱本身——既肯定了独特性,又必然背叛了它。

对于"原谅不想言说……"的遗嘱性秘密,对于这一承诺和背叛的遗产,对于誓约中挥之不去的背信,文学有什么意义?文学如何理解对于被保守的秘密的原谅,比如"原谅不想言说……"?换言之,文学如何继承亚伯拉罕,才能同时继承和背叛他?才能请求原谅背信?"原谅不想言说……"对于去神圣化,对于宗教意义上所谓神圣启示的世俗化,文学是那个被请求的原谅吗?对于背叛原谅本身的神圣起源这件事,文学是被请求的原谅吗?

鉴于文学(严格意义上:作为现代西方制度的文学)**原则上**具有言说和隐藏一切的权利,在这一点上它和一种将来的民主(démocratie à venir)密不可分;

鉴于每部作品那被假定为虚构的结构,免除了署名者在政治法或市民法面前的责任,无论是意义的责任还是指示对象的责任(文本**内部**的意义和指向、其中展现和加密的内容;因而文本总能**够中止提出**任何意义或指涉,不表达任何意义),同时又无限地加强了[署名者]对于构成每部作品的独特事件的责任(如亚伯拉罕的责任一般,既毫无责任,又是无限责任);

鉴于在文学事件中加密了的秘密或秘密的效果,不必回应或对应于世上的意义或现实,反而将它们悬置起来(不是悬置指示作用,而是将关于确定性意义或现实指涉的**论定**[thése]和裁定[arrêt]悬置起来,放入括号或引号之中;这是**文学现象**真正的**现象**

学品质,因而也是其流星般的品质);

鉴于文学是所有没有秘密的秘密的场所,所有没有深度的记号的场所,唯一的基础是呼唤或搭话的深渊,唯一的法则是事件和**作品/劳作**(*oeuvre*)的独特性;

鉴于文学对于虚构的权利的前提是这样一种历史:它制定某种**许可**(对于不负责任**和**负有超级责任的**作者**的身份规定),它许可述行性的(performative)决断产生种种事件,而这些事件作为言语行为将构成众多的呼唤和应答;

鉴于这一权利的到来意味着一种极端的自律性(每个人和所有人的民主自由,等等)和一种极端的他律性(这一权利是被给予的,它也可能被撤销;它被限定在一份协议的不可靠的边界处,这份协议用**外部**标准界定文学:没有一个语句本身就是文学,其"文学性"也不在**内部**分析中呈现;一个语句之成为文学、获得文学的**功能**,只能根据语境和惯例,也就是说以非文学的权力机构为前提)之间不可割断的联结;

因此,文学确实继承了一种神圣历史,其中亚伯拉罕式的瞬间仍然是核心秘密(谁会否认文学保留着宗教的残余?谁会否认在没有上帝的社会中,文学是神圣—圣洁性[sacro-sainteté]的纽带与媒介),但文学同时也否认这一历史、这一归属关系、这一继承关系。文学否认这一父子关系。文学背叛/暴露(trahit)它:文学对它不忠诚,文学在揭露其"真相"、泄露其秘密的瞬间,切断与它的关系。也就是切断文学自身的父子关系:不可能的可能性。这一"真相"的条件,是以撒的绑缚已然含有的否认。

文学只能请求原谅这双重意义上的背叛/暴露。从其第一个字开始,文学就在请求原谅。太初有恕。[原谅]无/无所原谅(pour rien)。[原谅]不想言说/没有意义。

我们在这里打断了上帝**起誓**的时刻。上帝在中断献祭、派遣天使第二次发话后,他呼唤亚伯拉罕并**起誓**。但他仅仅在**自己面前**起誓,说出、承认或承担这个誓言。不然他能怎么做?除了这个什么意义也没有/什么也不想说的同语反复,他还能想说/意谓别的吗?

在这个时刻,仅仅从这个时刻开始,自律性和他律性不过是一——是的,多于一(ne font plus qu'Un, oui, plus qu'Un)①。

耶和华的使者第二次从天上呼叫亚伯拉罕说:耶和

---

① 一句典型的德里达式的费解结尾。对于"一"的探讨,在古希腊思想中,尤其是柏拉图的著作中(如《智术师》《巴门尼德》等)可谓多矣。例如赫拉克利特《残篇》B51:"他们并不知道,'一'何以与自己相分又相合,分分合合有如调正弓弦与竖琴。"(刘小枫译文)而在基督教思想中,唯一的上帝具有三个位格("三位一体"),如《约翰福音》17:20-22:"我不但为这些人祈求,也为那些因他们的话信我的人祈求。使他们都合而为一。正如你父在我里面,我在你里面,使他们也在我们里面。叫世人可以信你差了我来。你所赐给我的荣耀,我已赐给他们,使他们合而为一,像我们合而为一。"也就是说,在西方的两种思想传统中,对于"一"与"多"的关系都有各自的论述。德里达所谓"多于'一'",或许指的就是同样统一于"一"、却又以不同方式解释"一"的不同思想传统,及其造成的"一"内部无法消解的差异性。——译注

华说:你既行了这事,不留下你的儿子,就是你独生的儿子,**我便指着自己起誓说**:论福,我必赐大福给你;论子孙,我必叫你的子孙多起来,如同天上的星,海边的沙。你子孙必得着仇敌的城门。(《创世记》22:15 –17;强调为引者所加)

人名索引

(索引页码为原著页码)

Abraham　亚伯拉罕　84 –209 各处

Agamemnon　阿伽门农　90,104

Agar　夏甲　107

Banville, Théodore de　班威尔　150

Bartleby　巴托比

Baudelaire, Charles　波德莱尔　114,129,150 –153

Benslama, Fethi　本斯拉玛　149 注释

Boehme, Jacob　波墨　194

Celan, Paul　策兰　184,192

Chardin, Teilhard de　德日进　34,35

Durkheim, Émile　涂尔干　40

Eckhart　艾克哈特　194

Eliezer　以利以谢　86,104

Fink, Eugen　芬克　23

Freud, Sigmund　弗洛伊德　36,127

Gautier, Théophile　葛蒂埃　150

Hegel　黑格尔　75,90,108,116,148,194

Heidegger, Martin 海德格尔 27 –78 各处, 127, 192
Husserl, Edmund 胡塞尔 37, 110
Isaac 以撒 84 –96 各处, 99 –101, 103, 105, 107 –111, 122, 130, 149, 163, 166 –168, 179, 191, 202, 208
Ishmaël 以实玛利 149
Joyce, James 乔伊斯 183
Jünger, Ernst 云格尔 34, 35
Kafka, Franz 卡夫卡 171, 178 –191 各处
Kant, Immanuel 康德 53, 70, 75, 91, 97, 126, 128, 154
Kierkegaard, Soren 基尔克果 42, 46, 75, 82 –118 各处, 125, 127, 130, 165 –172 各处, 180, 203, 204
Lévinas, Emmanuel 列维纳斯 15, 31, 64, 67, 68, 70 –75, 78, 116 –117, 196
Lisle, Charles-Marie Leconte de 里尔 150
Marion, Jean-Luc 马利翁 75
Nietzsche, Friedrich 尼采 54, 60, 106, 114, 148, 154 –157
Olsen, Regine 维珍妮 166, 171
Patočka, Jan 帕托裘卡 15 –78 各处, 93, 127 –141 各处, 156
Plato 柏拉图 22, 23, 28 –30, 50, 58, 90
Ricoeur, Paul 利科 34, 75
Sarah 撒拉 86, 104, 107, 111, 149, 163, 171
Schmitt, Carl 施米特 35, 140 –143
Sénèque 塞涅卡 30
Socrate 苏格拉底 26, 27, 29 –32, 108

译后记

德里达的《赠予死亡》最初是一篇长文,收录于 Jean-Michel Rabaté 和 Michael Wetzel 编的《赠礼伦理学:德里达与赠礼的思想》①,该文集包含了 1990 年举行的一次学术讨论会的会议论文。不过,德里达在当时会议上宣读的论文并不是《赠予死亡》,而是后来修改为《赠予时间 1:伪币》②的一篇文章。德里达后来将《赠予死亡》作为单行本出版,文章后面另外附了一篇题为《秘密的文学》的演讲稿。

就《赠予死亡》这篇长文而言,我们可以相对粗暴地将它分成两部分:前两节主要是对捷克现象学家帕托裘卡(Jan Patočka)的《关于历史哲学的异教论》进行的阐述,后两节则考察了丹麦哲学家基尔克果(Soren Kierkegaard)的《恐惧与战栗》及其对于亚伯拉罕献祭以撒的圣经故事的解读。

德里达指出,在帕托裘卡那里,在柏拉图对话录中,尤其是苏

---

①Cf. *L'Éthique du don: Jacques Derrida et la pensée du don*, Colloque de Royaumont, *1990*, Paris: Transition, 1992.

②Cf. Jacques Derrida, *Donner le temps: 1. Lafausse monnaie*, Paris: Galilée, 1991.

格拉底在《斐多》等对话中提及的对于灵魂的关照,第一次使人的意识、进而使责任得以可能,因为在各种前哲学的宗教秘仪中,处于狂喜般的出离状态的人难以形成有关自我、灵魂、意识的观念。正是在柏拉图那里,哲学让人一方面关注自己的灵魂,另一方面向着永恒的善(*agathon*)上升。在古希腊思想中,对于善、正义、美等永恒超验的理念的认识,构成了人们责任生活的基础。苏格拉底所谓"未经审思的生活是不值得过的",就是要求人们通过与自己的灵魂对话,通过(例如)从对于具体特殊的美好个体的爱,一步步上升到对于普遍性的美的理念的观看,实现"爱的阶梯"的逐级升高。

建立在认知和普遍性基础上的责任,因此是一种公开的、可分享的、可辩护的责任,它要求每个主体都能就自己的所作所为、所思所信,给出能够在公共性的道德和政治法庭上、在理性的法庭上进行证成的理由。德里达写道:"对于常识或对于哲学思考而言,最为广泛共享的自明之理是,责任与公开、与非秘密联系在一起,与下述可能性甚或必然性联系在一起:我们要在众人面前坦陈自己的言行,将它们正当化。"(第 88 页)德里达将这种源于雅典城邦的责任观念称为"最确信、最有说服力的意见(*doxa*)"(第 46 页)。无疑,在今天的社会(不仅仅是西方社会),这种对于责任的理解仍然占据着重要地位,与"占有性个人主义"话语结合后,更是显得再"自然正当"不过。

在这个意义上,哲学所承诺的公开和透明一方面将人从前哲学的、狂喜般的宗教秘仪中的不负责任、意识错乱中解放出来,另一方面也压抑、排斥或遮蔽了秘密的可能性:保密总是不负责任的举动,保密意味着你有见不得人的事情要遮遮掩掩,意味着你不敢把它拿到普遍而永恒的"善"的太阳下接受理性的质询。在以理性原则、平等原则、守序原则等条件构成的"公民社会"的要求下,责任对于秘密的排除,不仅对应着"私人/公共""非政治/政治"等对立,而且意味着在政治、法律、公共性和理性的结合这里,通过责任话语对个人作出裁断,不仅是必要的,甚至是可欲的。在这个意义上,德里达作出了一个大胆的断言:"从这里只需一小步,只需在开放的通路上简单前进,就会不可避免地从(希腊意义上的)**民主**过渡到**极权主义**。"(第56页)

但是,德里达在此并非意在简单地将所谓极权主义意识形态追溯到柏拉图那里;毋宁说,这里值得注意的是,甚至在柏拉图主义中,被"内在化"了的宗教式秘仪仍然以另一种方式发挥作用:

> 柏拉图主义的"上升"并没有提供从狂喜般的秘仪向非秘仪的过渡。它不过是让一种秘仪从属于另一种秘仪,从一个秘密转向另一个秘密。柏拉图主义的回转对"善"投去永恒的凝视,帕托奓卡称之为"灵魂的新秘仪"。这次秘仪变得更加内在,具有"灵魂的内在对话"的形式。尽管在灵魂与"善"的关系意义上,这是责任的初次觉醒,这一"意识/良知的诞生"仍未脱离其秘仪性的要素。(第24页)

灵魂的自我聚集、个体化、内面化,使它本身成为秘而不宣的东西;正如哲学是对于智慧的追求而不是拥有,完全建立在知识基础上的责任也只是一个承诺,甚至是一个危险的承诺;但它无论如何不是事实。而且,据说柏拉图自己搞学院,区分外在教诲和内在教诲,而我们读到的对话录,都只是外在教诲罢了……

无论如何,柏拉图主义中的秘仪性因素,为基督教的颠倒或压抑提供了契机:通过将灵魂从朝向外在的、普遍的"善"被基督教调转为朝向一个他者、无限他者即上帝的注视。由此基督教确立了责任的重要概念:人格。灵魂不再在理念的指引下追求普遍性知识,而是在和上帝那无法接近也无法相称的关系中感到自己的罪责——这种作为罪责的责任比一切特殊的责任更为原初,因为上帝给予的爱是无限的、广袤无垠的,个体无法作出回报。于是,帕托袭卡说:在基督教这里,"负责任的生活本身表现为一种赠予,虽然它有着'善'的特性,但根本而言是不可接近的,它永远高于人。"①在这里,基督教中"人格"概念的重要性体现为:上帝给予人们的无限善意和爱,是针对每个独特的个体,因而也就构成了每个人的"人格",而上帝本身又是一个"位格"(因为根据《创世记》,上帝按照自己的形象造人)。在有限的个体和无限的善意之间的不对称关系,既为个体赋予个体性和独特性(每个人都将作为个体被拯救),又使他或她从一开始就是有罪责的——个体无法回报甚至无法回应上帝的无限的爱,其责任的来源不是一种外在、普遍而永恒的理念,而是个体自身无法看到的注视。这种不对称关系及其对个体性的建构并不神秘,因为我们早就在马克思那里听到:人是社会关系的总和。

不过,尽管或正因如此,帕托袭卡认为基督教是不彻底的,或者说基督教尚未成为它应该是的样子,因为它尚未充分思考"人

---

① Jan Patočka, *Heretical Essays in the Philosophy of History*, trans. Erazim Kohák, Chicago and La Salle: Open Court, 1996, p. 106.

格"(personne)概念。"责任人格**是什么**,也就是说,责任人格**应该是什么**,没有成为考察的主题。"(第44页)于是,帕托裘卡的"异教论"或"异端论"区别于基督教"教义"的地方,便在于它站在基督教的"将来"的角度,站在基督教之"完成"的角度,探讨负责任之人格和责任。

所以,要讨论这一独特的人格,就要讨论关于死亡的经验——更准确地说,是关于"给予死亡的经验"。德里达通过将帕托裘卡的论述和海德格尔在《存在与时间》中关于死亡的讨论相结合,指出死亡是每个人的"无可替代性":别人无法从我这里取走我的死亡,也无法代替我去死;我当然可以处死某人或救某人于危难之中,但即便如此我也无法给予或取走他或她自己的死亡,他或她必须自己承担自己的死亡。面对死亡的经验,面对海德格尔所谓"不可能性的可能性",我们每个人才获得最本真的独特性——来自一个无法接近的他者(上帝)的无限赠予,事实上是"死亡的赠予":"这一死亡的赠予是突出意义上的赠予。它是来自他者的赠予,它是责任本身的基础,或责任与它匹配。"①这种"死亡的赠予"不是一般经济意义上的对等交换或相互交易,因而遵循德里达《给予时间》中对于"赠予"的论述,它既是一种真正的赠予,也是一种不可能的赠予。②

---

①See Rodolphe Gasché, «European Memories: Jan Patočka and Jacques Derrida on Responsibility», in *Derrida and the Time of the Political*, ed. Pheng Cheah and Suzanne Guerlac, Durham and London: Duke University Press, 2009, p.143.

②Cf. Derrida, *Donner le temps: 1. La fausse monnaie*, op cit., p.7.

不可能的赠予：按照德里达在《给予时间》中的说法：赠予本身就是不可能性。在我们的日常活动中，"赠予"的行为一旦做出，一旦它明确了受赠人、施与人、赠予的内容，它就必然变成一项经济行为。赠予的不可能性、伦理的不可能性、责任的不可能性；这些说法并不意味着我们无法进行赠予、无法遵守伦理、无法承担责任；恰恰相反，这些不可能性的意思是，赠予、伦理、责任的可能性都是以不可能性、以德里达所谓的"绝境"（apories）为前提的。以责任为例：如果责任必定是独特的个体的责任，必定是我在特殊处境下做出的责任，那么它就必须是我自己的责任，是我无法简单地通过将这一情境普遍化而抽身逃离的责任。在这个意义上，责任就面临一种绝境：

> 一个负责任的决断必须建立在知识的基础上；这个看法似乎既定义了责任的可能性条件（如果没有知识和意识，如果不知道自己在做什么，为什么目的，根据什么立场，在何种条件下行事，那么就无法作出负责任的决断），同时又定义了这种责任的不可能性条件（如果一项决断被交付给它只能追随或展开的知识，那么它就不再是一个负责任的决断；它将是一个认识装置的技术性运转，它将不过是一条定理的机械性展开）。（第43页）

一方面，责任要求知识：就像当下的"责任化"话语所预设的那样，负责任的行为要求行为者知道自己所做的事情及其结果，包括将可能发生的风险和意外都算计考虑在内；但另一方面，正当或哪怕在这种知识得以成立的情况下，个体就不再需要负责任，甚至是不负责任的了:他或她不必带入自己的独特性,不必以自己的人格为所处的情境作出担保。德里达甚至将这里的悖论推向更极端的境地:每当我们试图用语言为自己的行为辩护,也就是通过解释说明来承担责任时,我们就已经陷入了这一绝境,因为语言的普遍性从一开始就将我们人格的独特性和事件的独特性化约为一般的条件和准则,取消了其中无法被翻译、无法被理解、无法在场的隐秘部分。无法看见的上帝的注视,既是上帝的秘密——"你父在暗中察看"(《马太福音》6:4)——也构成了每个独特人格的秘密:构成了他或她自己无法看见的隐秘内心。

与上帝的无限爱的不对称关系、责任的绝境、语言的普遍性,这一切将我们带向德里达《赠予死亡》后半部分考察的文本,即以撒的献祭故事和基尔克果对它的阐释。《创世记》中的这个简短的故事,被后世学者进行了连篇累牍的阐释。有研究者认为,这则故事标志着西方宗教历史上从活人献祭向动物献祭的转折时刻。而基尔克果在《恐惧与战栗》中提出了截然不同的解读:基尔克果认为,呈现在亚伯拉罕的行为中的,是伦理与宗教的对立。亚伯拉罕的行为无法被人理解,因为伦理的一般性要求他做一名慈爱的父亲、合格的公民,而宗教的命令则是超越了伦理和人的语言的绝对命令;亚伯拉罕无法被任何人理解,是因为他超越了人的语言,超越了人的理性,以自身的独特性站在和上帝的绝对的、独特的关系之中。用德里达的话说:

> 亚伯拉罕没有谈及本质性的事情,即上帝和他之间的秘密,因而他没有说话;就此而言,亚伯拉罕承担了一种责任,这种责任体现为:在决断的时刻,总是独自一人

> 固守在自己的独特性中。正如没人可以替我而死,也没人可以替我作出决断(或被称作决断之事)。不过,一旦我们说话,一旦我们进入语言领域,我们就失去了这一独特性,因而失去了决断的可能性和权利。(第87页)

乍看起来,德里达基本上赞同甚至只是重复了基尔克果的论述;然而,两者之间细微但关键的差异,使德里达的重述决定性地偏离甚至扭转了基尔克果的论述指向。首先,德里达并没有将亚伯拉罕面临的艰难抉择看作伦理和宗教的对立,而是将两者称为伦理的一般性和"绝对责任"(或"绝对义务")的对峙。"绝对责任不是责任;无论如何,它不是一般的或一般意义上的责任。在绝对而特别的意义上,绝对责任必定是例外而异乎寻常的;仿佛绝对责任不再属于责任**概念**,因而始终是无法设想、无法思考的。唯其如此,它才是绝对责任。"(第89页)也就是说,"绝对责任"无法被一般理解的责任——也即"责任化"话语所规定的责任——所触及,它就如"死亡的赠予"一般,无限地、绝对地超越了个体的日常交际、交易、对话、理性计算,等等。

其次,绝对责任或义务和伦理的一般性的对峙,并不是严格的二元对立;恰恰相反,在德里达看来,这种对峙处境反而是我们最日常、最普通的伦理经验。德里达将基尔克果从亚伯拉罕的行动中读出的宗教与伦理的等级性关系,翻转为平常每个伦理行为中的水平关系;在我们的日常生活中,我们对之负责的每个人、物、事情,都首先且必然与我们构成一种独特的、无法被道德理论和规定化约或收编的关系,甚至于,当我们试图诉诸一般意义上的伦理话语为自己所负的责任进行辩护和证明的时候,我们反而是"不负责任"的——也就是说,当我们需要亲自(personally)以自己的人格、自身的独特性和绝对性为一种责任关系作出担当的时候,诉诸所谓"习俗"或"一般秩序"都会是不负责任的姿态,无论我们的所作所为是否遵循了一般伦理的行为规范。

在这个意义上,亚伯拉罕将最爱的独子献祭给上帝的时刻,成为呈露"绝对责任"或责任之绝对性的典型时刻:在上帝秘密地向亚伯拉罕发出命令之后,对亚伯拉罕而言,世上的一切都是可以牺牲的,包括自己独子的生命——它代表了希望、承诺和未来。亚伯拉罕准备好牺牲一切,因为上帝与他的秘密契约是绝对而独一无二的,这个没有理由的秘密、这个任意而武断的秘密、这个我们不知其根本秘密为何的秘密,在亚伯拉罕和上帝之间建立起一种绝对而独特的责任关系。

> 对亚伯拉罕而言,从那时起世上已无神圣之物,因为他已做好牺牲一切的准备。因此,这个考验是对世界的一种绝对的去神圣化。由于秘密本身不再有内容,人们甚至不能说需要保守的秘密是神圣的,甚至不能说它是仅剩的神圣性。就算人们可以不得已地称这个秘密是"祝圣的(saint)"(在"分隔"的意义上),它也不是神圣的。(第203页)

根据德里达的解读,因为一个绝对而独特的秘密,一个本身也并不神圣的秘密,在亚伯拉罕这里,宗教本身与世俗社会之间划定的边界不再有效:这里重要的是,正是通过文学,这一秘密得以以"秘密"的形式被透露给每个读者。在文学的意义上,《创世记》

既揭示了秘密,又保守了秘密。如果上帝对于亚伯拉罕的秘密命令产生了一种绝对责任,那么或许可以说,就秘密的传递而言,文学也使读者与"他者"建立起绝对责任——在非宗教的、世俗化的意义上,在我们日常生活的意义上。德里达的这一阅读策略,回答了一个文化(相对)主义的问题:似乎亚伯拉罕的故事只属于信奉"圣典宗教"的社会传统,而与其他民族、其他的"他者"没有关系。然而,上帝与亚伯拉罕的关系,通过文学被翻译为所有人与其他他者之间的关系——《创世记》关于亚伯拉罕献祭的故事的启示,揭示的不仅是信奉上帝的民族对于责任的理解,更是文学阅读和文学批评的过程所可能呈露的、关于我们日常生活的独特责任。用德里达的话说:"tout autre est tout autre"(任何他者都是全然他异的)。在一个段落中,德里达令人动容地写道:

> 无论我是否愿意,我都永远无法解释自己偏爱一方(一个他者)胜过另一方,或将一方(一个他者)牺牲给另一方。我将始终陷于秘密中,为这件事保密,因为对此我无话可说。我与独特性的联系——与这个或那个独特性、而不是别的独特性发生联系——终究是无法论证的(这是亚伯拉罕超越伦理的献祭),就像我每时每刻进行的无限牺牲一样无法论证。这些独特性是他者的独特性,是一种全然不同的"他异性":不仅仅是一个他人或其他人,而且包括各种位置、动物、语言。你如何论证自己为了家里那只养了多年的猫,牺牲世上所有的猫(而每时每刻都有别的猫死于饥饿)?更何况其他人类?(第101页)

就我们日常生活中的处事与责任关系而言,如论者所说,德里达"提醒我们的事实是,这些职责使我们感到,它们与伦理体系、与伦理的系统性严格对立,我们也必须在对立的意义上对待这些职责。而且,任何试图论证这些独特职责的尝试都必定失败,因为论证只能通过话语、公共性、合理性进行"①。每个"他者"(其他人、其他动物、其他植物、其他语言、其他场合,等等)都对我进行呼告,如上帝命令亚伯拉罕那样;每个"他者"的命令都是绝对的、无限的,都要求我毫无保留、不带算计地作出回应、承担责任,都要求我牺牲自己最珍贵的事物。因此,德里达将基尔克果那里的两种秩序的对峙,转化为伦理行为的不可能性:每时每刻我都因为自己无法证成的偏爱行为(假如它在一般意义上是"负责任"的行为的话)而牺牲其他的他者,但与此同时,一般意义上的伦理话语又必须保持效用,"亚伯拉罕必须承担绝对责任,通过牺牲伦理而牺牲他的儿子;但为了牺牲能够成立,伦理必须保持其全部价值:他对儿子的爱必须始终如一,人类义务的秩序必须继续让这些权利有效"(第95页)。值得注意的是,德里达的这一论断可能会引起误解:如果一般意义上的伦理话语必须有效,那么"绝对责任"似乎就是以伦理话语为前提或预设的,而这也就意味着:德里达看似激进的思考是以他所批判的"不负责任"的一般伦理话语——以及产生这一伦理话语的西方政治思想传统——为基础

---

① Derek Attridge, «The Impossibility of Ethics: On Mount Moriah», in *Reading and Responsibility: Deconstruction's Traces*, Edinburgh University Press, 2010, p. 68.

的。针对这种质疑,或许可以尝试性地给出如下回答:通过引入"绝对责任"以揭示责任的绝境,德里达将我们的伦理行为从对于一般法则的运用中解放出来,使得每一次伦理行为都不可避免地带有对于伦理生活总体性、对于我们置身其中的社会系统的批判性意义。"绝对责任"对于独特性、秘密、人格的强调,最终不是为了捍卫或证成资产阶级市民社会中关于私人生活和私密性的意识形态想象;恰恰相反,它让我们意识到自己的日常伦理行为与我们用以自我理解的一般伦理话语之间的裂隙,从而突破列维纳斯意义上的"总体性"——总是自我认同、自我回返的逻辑,"经济"的逻辑,预先将"他者"的他异性收编于自我同一性之中的逻辑——对于伦理的宰制。德里达提醒我们,在我们日常行为处事上,在我们对于自己的亲人、爱人、事业的伦理约束之中,我们与"他者"所形成的绝对而独特的伦理关系始终是一种不对称的关系:"我"总是准备好为了"他者"绝对的伦理命令而牺牲一切,不计代价。正如在列维纳斯那里一样,如果主体和他者处在同一个层面相互对等地进行商谈,讨论彼此的权利和义务,那么这不是一种伦理关系——在列维纳斯那里,这就提前回到了"总体性"的逻辑;而在德里达这里,这种关系和互利互惠的交易没有区别。

在这个意义上,德里达关于"绝对责任"的论述、关于任何他者作为全然他异性的主张,或许不应该被视作是一种实践上的伦理指导,否则就会引起很多麻烦。比如,人们满可以问:如果我要对每个他者负责,"绝对责任"的主张难道不是一种受虐狂式的英雄主义(masochistic heroism)?而要求我同等对待(比如)一只濒死的流浪猫和一个正在挨饿的儿童,要求我将同样绝对而不可通约的伦理重要性赋予人、动物、植物和非生物,岂不是会让伦理行为陷入瘫痪？此外还可以提出许多质疑。但这些质疑没有看到的是，"绝对责任"并不意在提出一种特殊的伦理法则，而是呈现了伦理法则建立其上的前提——例如与他者之间相互的对等关系、理性的计算，等等——所可能导致的严重后果。

> 这个社会的顺畅运转，其道德话语、政治话语、法律话语的单调轰鸣，其法律（公法、私法、国内法、国际法）的实施，都不会被下述事实打乱：由于这个社会制定和控制的市场结构和法则，由于外债和其他类似的不对称机制，同一个"社会"正在**造成**数百万儿童死于饥饿与疾病（根据伦理或人权话语，他们是我们的邻人或同类人），或**任由**他们死亡（上述差异是次要的，两者都是不给处于危难中的人施加援助）；在这里，没有一个道德法庭或司法法庭有能力对这种牺牲作出判决——为了避免自己牺牲而牺牲他人。这个社会不仅参与了这种无法计算的牺牲，而且组织了这种牺牲。这个社会的经济秩序、政治秩序、法律秩序的顺畅运转，其道德话语的顺畅运转，其好心肠的顺畅运转，前提都是这一牺牲的恒常施行。（第119页）

的确，在当今时代，霍布斯式的自然状态模型弥漫于国际关系之中，弥漫于市场交换及其塑造的原子式个体的交流之中——更多的时候，社会秩序不但组织了无限牺牲，而且中性化了这些牺牲和苦难，以至于电视上关于全世界挨饿的儿童和难民的报道，都可能呈现为一种奇观：这些人确实不幸，可幸亏这跟我们没什么关系,我们的手是干净的。——还有更"自然"却也更"夸张"的反应:这太可怕了,幸亏我生活的社会是安全的,所以说就应该关起门来确保共同体内部的安全和稳定。

换句话说,我们对"他者"的背叛,是双重甚至多重的背叛:首先,在个体层面上,我们无法对叙利亚难民施以援手(正如我们无法援助正在叙利亚挨饿的流浪猫、濒临灭绝的动物或植物),并且这一无能为力马上可以被合理化(它或许**就是**合理的),进而被遗忘;其次,在结构意义上,我们对于自身所处的社会造成或放任的苦难袖手旁观,仿佛自己可以和社会脱离开来,仿佛社会关系是我们可以随时套上和脱下的外衣。如此一来,我们就对他者的独特性背过身去,仿佛与他者的独特关系,没有让我们成为独特的个体,没有塑造我们的人格和我们对于世界的理解方式——因而我们也背叛了自己。上述背叛是如此彻底,以至于我们不会认识到它是背叛——甚至在它的原初场景那里,在位于摩利亚山上那场骇人的献祭那里,我们也有一个看上去皆大欢喜的结局:上帝在关键时刻阻止了亚伯拉罕,拯救了以撒,并赐福亚伯拉罕许多子孙。"**在这个瞬间**,在甚至无法再区分决断和行为的紧迫性中,上帝通过一种绝对的赠予而把儿子还给了他,并做出主权决断:将牺牲重新铭刻在经济之中——自此以后,牺牲就类似于一种回报。"(第131页)似乎绝对责任和义务的绝境,将最终被交易式的相互性经济关系收编,将被重新纳入给予—拿取的对等性之中:上帝自己承诺了回报,否认了以撒的献祭。

那么,凭借什么方式,我们能听到被侮辱与被损害者的呼告,如果整个社会结构不断地再生产无限牺牲并将它们中性化?德里达的答案已经在前文提到了:文学。

任何文本,如果它一方面被交付给公共空间,相对地可读或可解,而另一方面,其内容、意义、指涉、署名人、接收者都不是充分规定的**现实——非虚构**的或**剔除任何虚构**的现实,由直观将它如其所是地交给某种确定性判断的现实——那么,任何文本都可以成为**文学性**的。(第174—175页)

文学悬置了语言的指涉功能;文学继承了《圣经》的讲故事传统,同时背叛了它的确定性。将亚伯拉罕的故事看作文学,不(仅)是将它"世俗化",而(更)是将它从历史对应的指涉关系中解放出来:由此,利奥塔的责难就得到了回答——在历史的意义上,没人能确认亚伯拉罕是否得了妄想症;然而,在文学的意义上,读者不必计较他是妄想症还是真的听到了上帝的秘密召唤。重要的是,亚伯拉罕与上帝之间的独特性契约、两者之间的秘密,通过文学的形式,既被揭露和分享给每个读者(甚至读者比亚伯拉罕本人知道得更多),又始终保持着自身的秘密性质——不但因为文学要通过语言这一普遍性中介来再现无法被语言把握的秘密,而且因为上帝要求献祭以撒背后的理由、这一秘密的秘密,在这个文学故事之中、通过这个故事而**呈现为秘密**。正因为这个故事的文学性,正因为文学和宗教的"不可能的父子关系",亚伯拉罕的秘密才得以成为一个有关绝对责任和义务、有关他者命令的绝对性、有关自己与他者的独特性关系的秘密,而不是一个有待揭露"真相"的历史事件(比如亚伯拉罕其实得了妄想症)。

　　语言的普遍性,使得文学在保密的同时又背叛秘密,通过保密而背叛秘密,犹如传达一封送信人和收信人都不知道内容的信件。"对契约进行确认、解读、翻译的遗产——遗嘱本身——既肯定了独特性,又必然背叛了它。"(第205页)文学与秘密,也就是与独特性的关系,就像德里达在分析策兰(Paul Celan)的诗歌时提及的日历与事件的关系那样:每个被纪念的事件都是独一无二、不可重复的,但它们又通过重复的日期而以一种可分享、可交流的方式被"重复"。在同样的意义上,我们只能通过文学语言的揭示和背叛,听见他者——结构性地被社会主导话语排斥的他者,最独特但也最普通的他者——对于我们的伦理诉求。反过来说,我们对于他者的绝对责任和义务,尽管或因为无法在伦理—政治话语那里找到论证,总是已经被铭刻在名为"文学"的书写之中了。如论者所说,文学语言"既向他者敞开,又保守了他者的独特秘密。每一个交流行为在某种意义上都是一次错过的相遇。但哪怕诗歌的话语因素本身不可辨认,留下来的将是呼唤,诗人对读者的纯粹发言"[1]。文学是不负责任的:既不对指涉负责,也不对署名者负责——它不是一份能够作为法庭证词的文件,它在再现某个事件的同时背叛了它;与此同时,尽管如此,文学能将我们带向绝对责任和义务的秘密那里,揭开伦理—政治话语中隐蔽的褶皱。

文学对于语言的悖论性运用,让我们暂时悬置关于指涉对象的是非真假之争;让我们在语言形式之中与上帝般绝对的他者的

---

[1] See Sarah Hammerschlag, «Poetics of the Broken Tablet», in *The Trace of God*, ed. Edward Baring and Peter Gordon, New York: Fordham University Press, 2014, p.63.

独特性相遇;让我们接受他者向我们传达的秘密,"这个秘密没有任何内容,没有任何需要隐藏的意义,除了秘密的要求本身之外不带有任何其他秘密"(第203页);让我们听见他者的呼告并回应说:"我在这里"。

* * *

本书根据 Jacques Derrida, *Donner la mort* (Paris: Galilée, 1999)译出,翻译过程中参考了英译本(*The Gift of Death*, trans. David Wills, 2nd edition, Chicago and London: University of Chicago Press, 2008)和日译本(『死を与える』、廣瀬浩司/林好雄訳、ちくま学芸文庫二〇〇四年),尤其在添加译注时吸收甚至照搬了日译本的许多注释。

关于标题的翻译需要略作交代。法语"donner la mort"字面意思为"给予/赠予死亡",作为习语,意思是"处死""杀死"某人;相应地,"se donner la mort"除了字面意思"给予/赠予自己死亡"之外,也有"自杀"的含义。死亡、牺牲、自杀:这些因素似乎在中文里可以找到一个对应词:"送死"。但这是一个似是而非的对应。首先,"送死"具有"自寻死路"、白白失去生命的含义,而不是指杀死或处死别人;其次,"送死"虽然在字面上似乎带有"赠予"的意思("送"),但实际上说的是"将自己(的生命)送给死亡",所以它的同义词是"送命";再次,如果以"送死"来翻译"donner la mort",那么就严重混淆了"donner la mort"和"se donner la mort"的差别。鉴于上述考虑,"送死"的译法不足取。另一个可能的译法"赐死"也并不好用:虽然"赐死"同时含有"赠予"和"处死"的意思,但它在汉语中的含义是"君主命令臣下自杀"

(《现代汉语大词典》,上海辞书出版社2007年版)。且不论在例如亚伯拉罕献祭以撒的场景中,亚伯拉罕并没有"命令以撒自杀"(尽管上帝这个主权者确乎"命令"亚伯拉罕处死以撒),且不论"赐死"的"赐"总是带有主权者的标记,而德里达的"don"恰恰要求赠予者遗忘自己的赠予、受赠人遗忘自己的接受;如此一来,就与"donner la mort"对应的"se donner la mort"来说,根据"赐死"的译法,只能相应译为"自己赐死"或"赐死自己"。在正文中,这么做所引起的理解上的麻烦,将远远大于以"赐死"一词翻译"donner la mort"时貌似的方便(例如,还是以撒献祭的场景:上帝命令亚伯拉罕处死以撒,再将以撒的死亡交给上帝——这里双重意义上的"给予/赠予死亡",无法用"赐死"一词来处理)。而如果把"自己赐死(自己)"变成"赐予自己死亡",那么事实上我们已经离开了习语"赐死"的地盘。因此,我将本书标题译为"赠予死亡",以显示"donner"(给予、赠予)和"don"(礼物、赠送)的关系,在正文中则基本上将"donner la mort"译为"给予死亡",将"se donner la mort"译为"给予自己死亡",将"don"译为"赠予"或(在上下文不通顺的场合)"给予"。

我以为,每个人在生活中都会碰到不多的几个文本——无论是小说、诗歌、电影、戏剧还是电视剧、哲学著作、历史著作、宗教典籍——它们改变了我们看待周围世界的方式,在好的或坏的意义上。于我自己,《赠予死亡》就是这样一本书。所以,当大约两年以前陕西师范大学的陈越老师邀请我翻译一本德里达著作的时候,我便选择了这本书。现在回想起来,当时之所以答应这件译事,很大程度上是出于对陈越老师的敬重,以及对于西北大学出版社整个"精神译丛"的期待(因而自己也颇有点想要"咸与革命"的意思)。然而,正如所有誓言都预设了誓言的违背,当初一口承应下来后,一晃就过了合同的期限,有愧于陈越老师的信任,也有愧于责任编辑任洁女士。更不用说磨蹭许久,交出来的还是这么个磕磕绊绊的译本。读者若是熟悉德里达著作的已有中译本中那些流畅而典雅的汉语,可能要对这个译本大失所望了。对此,译者只能请求读者原谅。并且请原谅,在即将搁笔的这份译后记里,我无法像其他译者那样,甚至像自己曾经斗胆翻译的几本著作的译后记那样,安全地、令人安心地以"敬请读者指正"几个字结尾(可是这几个字不该令每个译者**战栗**吗?)——请原谅我要在此之外,写几句多余的话。

在过去两年多的时间里,我自己经历了博士论文的写作、答辩、毕业、回国,也经历了包括父亲的手术和母亲持续多年的放疗后遗症在内的种种事情。当我用语言表达这些事情,它们就消融在语言的普遍性中,如同一粒盐消失在水里。面对生活中种种令人战栗的轰鸣般的沉默,就像德里达面对他养的猫,就像亚伯拉罕面对他即将处死的以撒,如今一如当年,我只能将自己交付于悬而未决、绝对无法预期的将来——哪怕仅仅是因为"时间的分分秒秒都可能是弥赛亚侧身步入的门洞"。

最后,我愿将这份译稿献给 y。

王　钦

2018 年 3 月

著作权合同登记号:陕版出图字 25-2015-516

图书在版编目(CIP)数据

赠予死亡/(法)雅克·德里达著;王钦译. —西安:西北大学出版社,2018.6(2023.5 重印)
(精神译丛/徐晔,陈越主编)
ISBN 978-7-5604-4213-6

Ⅰ. ①赠… Ⅱ. ①雅… ②王… Ⅲ. ①死亡哲学 Ⅳ. ①B086

中国版本图书馆 CIP 数据核字(2018)第 174631 号

赠予死亡

[法]雅克·德里达 著
王钦 译

出版发行:西北大学出版社
地　　址:西安市太白北路 229 号
邮　　编:710069
电　　话:029-88302590
经　　销:全国新华书店
印　　装:陕西博文印务有限责任公司
开　　本:889 毫米×1194 毫米　1/32
印　　张:7.25
字　　数:150 千
版　　次:2018 年 6 月第 1 版　2023 年 5 月第 3 次印刷
书　　号:ISBN 978-7-5604-4213-6
定　　价:46.00 元

本版图书如有印装质量问题,请拨打电话 029-88302966 予以调换。

DONNER LA MORT

de Jacques Derrida

Copyright Ⓒ Editions Galilee 1999.

Chinese simplified translation copyright Ⓒ 2018

by Northwest University Press Co. , Ltd.

ALL RIGHTS RESERVED

Re 精神译丛（加*者为已出品种）

第一辑

*从莱布尼茨出发的逻辑学的形而上学始基	海德格尔
*德国观念论与当前哲学的困境	海德格尔
*正常与病态	康吉莱姆
*孟德斯鸠：政治与历史	阿尔都塞
*论再生产	阿尔都塞
*斯宾诺莎与政治	巴利巴尔
*词语的肉身：书写的政治	朗西埃
*歧义：政治与哲学	朗西埃
*例外状态	阿甘本
*来临中的共同体	阿甘本

第二辑

*海德格尔——贫困时代的思想家	洛维特
*政治与历史：从马基雅维利到马克思	阿尔都塞
怎么办？	阿尔都塞
*赠予死亡	德里达
*恶的透明性：关于诸多极端现象的随笔	鲍德里亚
*权利的时代	博比奥
*民主的未来	博比奥
帝国与民族：1985—2005年重要作品	查特吉
*政治社会的世系：后殖民民主研究	查特吉
*民族与美学	柄谷行人

第三辑

*哲学史：从托马斯·阿奎那到康德	海德格尔
布莱希特论集	本雅明
*论拉辛	巴尔特
马基雅维利的孤独	阿尔都塞
写给非哲学家的哲学入门	阿尔都塞
*康德的批判哲学	德勒兹
*无知的教师：智力解放五讲	朗西埃
*野蛮的反常：巴鲁赫·斯宾诺莎那里的权力与力量	奈格里
*狄俄尼索斯的劳动：对国家—形式的批判	哈特 奈格里
免疫体：对生命的保护与否定	埃斯波西托

第四辑

*古代哲学的基本概念	海德格尔
黑格尔《精神现象学》的发生与结构（上卷）	伊波利特
卢梭三讲	阿尔都塞
*野兽与主权者（第一卷）	德里达
*野兽与主权者（第二卷）	德里达
黑格尔或斯宾诺莎	马舍雷
第三人称：生命政治与非人哲学	埃斯波西托
二：政治神学机制与思想的位置	埃斯波西托
领导权与社会主义战略：走向激进的民主政治	拉克劳 穆夫
德勒兹：哲学学徒期	哈特